マルクス・アウレリウス

『自省録』のローマ帝国

南川高志
Takashi Minamikawa

岩波新書
1954

目次

【凡例】

本書における名称等の表記の原則は、下記の通りである。ただし、慣例を重視し、原則に従わなかった箇所もある。

*地名・人名等の表記については、原則としてラテン語の発音で記すが、慣例としてギリシア語が用いられる場合は、例外としてギリシア語の発音で表すものとする。

*ギリシア語とラテン語の表記については、母音の長音は原則として短くするが、長音表記が一般的である場合は、例外として音引きを付すこととする。

*ギリシア語のカタカナ表記は、原則として、ph, th, kh と p, t, k を区別しない。ラテン語でも ph, th, ch と p, t, c を区別しない。

*ラテン語では、cc, pp, ss, tt, ll, rr は原則として小さい「ッ」で表すが、「ガリア」のように原則に従わなかった箇所もある。

*本書で使用する括弧のうち、引用文中の〔　〕と［　］は引用元のままであり、〈　〉は筆者の補足、（　）は引用元の訳者や筆者が説明のために用いている。

上部パンノニア
下部パンノニア
ダキア
ダルマティア
上部モエシア
下部モエシア
黒海
トラキア
ビテュニア・ポントゥス
マケドニア
ガラティア
アルメニア
エピルス
アシア
カッパドキア
アカエア
ティグリス川
キリキア
リュキア・パンピュリア
クレタ
シリア
キプロス
海
ユーフラテス川
ユダエア
キュレナイカ
エジプト
ナイル川
アラビア

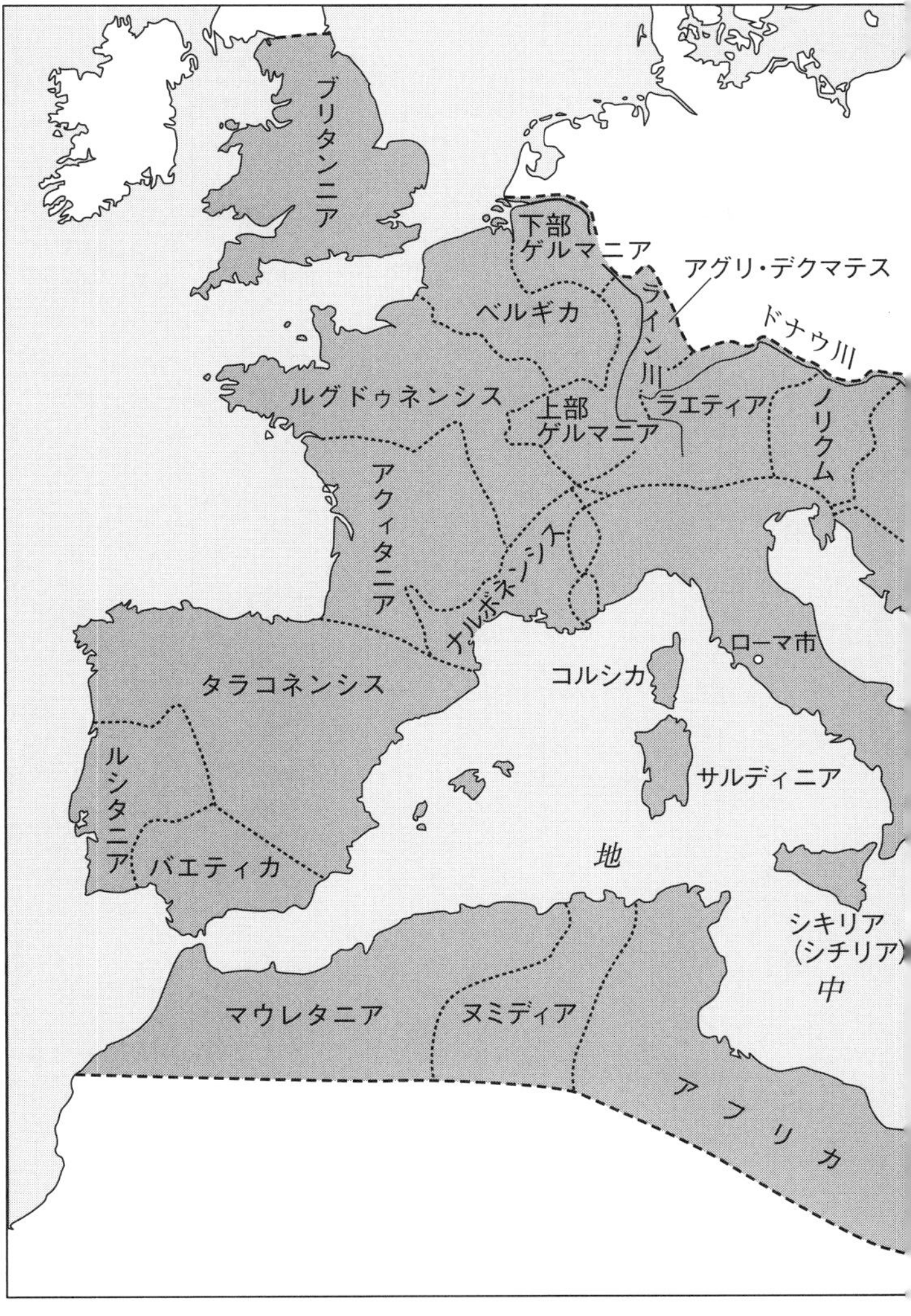

マルクス・アウレリウス統治開始時のローマ帝国の諸属州

プロローグ――歴史の中の『自省録』

イタリアの首都ローマ市の旧市街の中心であるヴェネツィア広場からコルソ通りを少し北上したところにあるコロンナ広場には、高さ三〇メートルの大理石製の円柱が立っている。直径は三・七メートルほどで、円柱の周囲に、らせん状に浮彫が施されている。そこに描かれているのは、ローマ軍がドナウ川の北に居住する諸部族の軍隊と戦った戦争、マルコマンニ戦争の状況である。現在円柱の頂上にはキリスト教の使徒パウロの像が置かれているが、一九三年までに完成されたと推定されるこの円柱のもともとの頂には、戦争でローマ軍を指揮した皇帝の像が置かれていた。そのローマ皇帝とは、マルクス・アウレリウスである。

図１　マルクス・アウレリウス記念柱　全体写真

この本の主人公マルクス・アウレリウスは、西洋古代世界に君臨した大国家、ローマ帝国の皇帝であった。同時に、彼は『自省録』と呼ばれる書き物を残した人物としても有名である。この『自省録』はしかし、マルクス・アウレリウスが公刊を目的として書いた本ではない。彼の死後に発見され、その内容は、著者たる皇帝が折々に思い浮かんだことや思索したこと、あるいは書物からの引用などを書き留めた手記のようなものであり、かなりの部分を自分自身に対する内省の言葉が占めている。マルクス・アウレリウスは当時ローマ帝国で流行していたストア派の哲学を奉じており、『自省録』は学問の世界では後期ストア派の書物として論じられてきたが、それ以上に、この書物に綴られた著者の真摯な言葉が、時代や地域を超えて悲しむ人を慰め、苦しむ人を励ましてきた。『自省録』というその書名すら著者本人が付けた訳ではない本が、二一世紀の今日に至るまで、多くの人々の共感を呼び、生きる力を与えてきたのである。このようなことは、歴史上稀といってよいだろう。

マルクス・アウレリウスが生きたのは西暦の紀元二世紀であり、日本では弥生時代の後半にあたる。この頃、ローマ帝国は最盛期を迎えていたと一般に考えられている。彼は一六一年にローマ皇帝となり、一八〇年のその死まで大国家を統治したが、古来「賢帝」と称えられてきた。一八世紀イギリスの歴史家エドワード・ギボンは、名著『ローマ帝国衰亡史』の最初の諸巻で紀元二世紀のローマ帝国を活写し、「人類が最も幸福な時代」と高く評価した。そして、マルクス・アウレリウスの死とともに帝国の衰退が始まったとしたのである。

しかし、少し立ち入って観察してみると、マルクス・アウレリウスの治世はそのような明るく平和で繁栄した時代ではなかったことがわかる。彼が皇帝に即位して五年ほど過ぎた頃よりローマ帝国全土はパンデミックに見舞われた。天然痘と思われる疫病の大流行である。今日の研究では、帝国の総人口の一割にあたる六〇〇万人が死亡したと推測されている。また、一六六年末からドナウ川北岸に住む諸部族の帝国領への侵攻が始まり、これを押し返そうとするローマ軍との間で大規模な戦争となった。冒頭の円柱の紹介で触れたマルコマンニ戦争である。マルクス・アウレリウスはこの戦争で、ローマ軍の最高司令官として陣頭で指揮を執った。戦いは治世の最後まで続き、ついにその前線の基地で、彼は病のため生涯を閉じたのである。

『自省録』は、マルクス・アウレリウスが皇帝であった時期に記された。その第一巻の末尾(ないし第二巻冒頭)に「グラン河畔のクァディ族の間にて記す」とあるように、北方諸部族との激しい戦闘の間、最前線の陣地でも彼は綴っていたのである。私のこの小さな本は、現代世界の人々にも感動を与え続ける『自省録』の著者マルクス・アウレリウスについて、その波瀾に富んだ生涯を眺めつつ、『自省録』の背景を明らかにしようと試みるものである。

マルクス・アウレリウスと彼の『自省録』については、これまで歴史学者と哲学者の双方が取り上げてきた。歴史学者はおもに彼の治世を分析し、最盛期ローマ帝国の解明に努力してきた。哲学者の方は、紀元一世紀から二世紀の前半に活躍したセネカやエピクテトスと併せて、後期ストア派の哲学者としてのマルクス・アウレリウスと『自省録』を論じてきた。しかし、『自省録』には時代の動きや政治への直接的な言及がわずかしかないこともあって、歴史学者が『自省録』の記述に踏み込んでこの書の背景を考えるという作業をすることは少なかった。一方、哲学者の方は、後期ストア派哲学の系譜からマルクス・アウレリウスと『自省録』を論じ、その哲学史上の傾向や特徴などを明らかにしてきたが、歴史的背景を十分に踏まえて『自省録』の記述を解明することには控えめであったようにみえる。

もちろん哲学者の分析や記述も、ローマ史研究者アントニー・バーリー教授のマルクス・アウレリウスに関する伝記的研究など歴史学の研究成果を参照していて、例えば、「死」についてマルクス・アウレリウスの文言を分析するにあたっては、彼の子供たちの多くが夭折したり妻に先立たれたりしたことに関連づけており、彼の苦悩について言及するときも、信頼していた将軍アウィディウス・カッシウスの反乱や、長く続いた北方諸部族とのマルコマンニ戦争も考慮に入れて論じている。しかし、哲学者の解説は、そうした手続きを経ながらも、原理と論理を取り扱い重んじる学問の性格上、『自省録』の文言から「死」に対する意見や苦悩の感情などを引き出し、哲学の体系に沿って整理するとともに現代人の考えや感情に直接結びつけて、今日の世界で『自省録』の言葉がどのような意義を持ちうるかという議論に進んでいる。『自省録』の記述の今日的意義を論じることは非常に大切であり、私も全く異論はない。ただ、『自省録』は紀元二世紀のローマ帝国皇帝が綴ったものであり、そこに見られる意見や感情を現今のそれと同じ次元で扱うことには違和感を覚える。『自省録』には「死」についての記述が頻繁になされているが、そうした記述には当然著者マルクス・アウレリウス個人の体験が色濃く反映されているだろう。しかし、単に彼個人の経験だけでなく、彼を含めて紀元二世紀のローマ帝国に生きた人々が「死」というものをどのように受け止め、自身や周囲の者たちの「死」についてどのような考えや感情を抱いていたかについては、現代世界とは異なるローマ社会の実態や特徴を考慮した上で解釈しなければならないと私には思われる。

この本では、哲学研究者の方々が『自省録』を分析してこられた研究の成果に敬意を表し多くを学ばせてもらいつつ、歴史学者の観点と方法でマルクス・アウレリウスの生涯と彼が生きたローマ帝国を考察し、『自省録』の時代背景を明らかにしたい。そして、マルクス・アウレリウスという人物の歴史上の意義を明確にするとともに、人々を惹きつける魅力に満ちた彼の書き物の意義を、歴史世界の現実に即して捉えてみたい。

ところで、マルクス・アウレリウスについては、「ローマ五賢帝」の一人ということ以外に、様々な評価がなされてきた。例えば、「哲人皇帝」という彼の呼称や意義づけがある。古代ギリシアの哲学者プラトンは、哲人が王となるか王が哲人となる必要性を説いた。その「哲人政治」が実現した例として、ストア派の哲学を奉じるマルクス・アウレリウスがローマ帝国の統治者となったことは、歴史書に限らず、しばしば各所で言及されてきた。しかし、実際のマルクス・アウレリウスの政治はストア派の哲学に影響された「哲人政治」だったといえるのだろうか。

また、「賢帝」マルクス・アウレリウスは、二つの大きな罪を犯したともいわれてきた。不肖の息子コンモドゥスに帝位を継承させたことと、キリスト教徒を迫害したことである。マルクス・アウレリウスに対するこれらの批判は、どの程度正鵠を射たものなのだろうか。本書では、こうした問題についても考察を試みたい。

マルクス・アウレリウスは、幾度も自分の名前を変えている。誕生時は「マルクス・アンニウス・ウェルス」であり、その後「カティリウス・セウェルス」、「マルクス・アエリウス・アウレリウス・ウェルス」、「アウレリウス・カエサル」、そして皇帝になった時は「マルクス・アウレリウス・アントニヌス」を名乗った。ローマ市民男性の名前は原則的に「三名法」(個人名・氏族名・家族名の三つ)に拠っているため、いずれも長い。読者には煩わしいと感じられるかもしれないので、以下では本書の主人公を、ただ「マルクス」と呼ぶことにする。「マルクス」という名はローマ市民男性の個人名としてきわめて一般的なものであるが、他の同じ名を持つ登場人物の記し方を工夫することにして、この名を用いることにしたい。『資本論』の著者カール・マルクスと取り違える読者もおられないだろう。

また、本書で『自省録』を引用する際には、岩波文庫所収の神谷美恵子訳(初版ではなく、兼利琢也氏の補訂を経た改版)を用いる。『自省録』には他にも原典ギリシア語からの訳が数種ある。神谷訳は、ギリシア哲学を専門としない方の作品であるが、日本で初めてのギリシア語原典からの訳である。今日ではそのギリシア語の解釈や哲学用語の取り扱いに意見があるのを私は承知しているが、『自省録』の神谷訳を読んだことがローマ帝国史研究を始めるきっかけとなったので、本書でも神谷訳に拠りながら語りたい。神谷訳に従わない場合や訳文を補う時は、その都度指示することとする。

本書の各章の扉には、章の内容に関わりがありそうな『自省録』の記述を選んで掲げた。閉塞と混迷が続く二一世紀の今日、『自省録』に触れる機会がなかった読者には、ぜひ手に取っていただきたい。一八〇〇年以上も昔に書かれたとは思われないような直接性を感じられるだろう。拙著は一歴史研究者の小品ではあるが、『自省録』へ誘う契機になれば筆者としてこれに勝る喜びはない。

史資料について

マルクス・アウレリウスについて知ろうとするとき、古代の記録としては、『自省録』以外にも、彼のラテン語修辞学の師コルネリウス・フロントに宛てた手紙が残っており、今日利用できるテキストとして、フロントの往復書簡集にまとめられている(以下の本文では、フロント『書簡集』と略記する)。歴史記述としては、三世紀の初頭に元老院議員として活躍したギリシア人のカッシウス・ディオ・コッケイアヌスの手になる『ローマ史』が、伝存状態はよくないものの、歴史の経過を知るために信頼できる情報を提供している(ディオ『ローマ史』とする)。古代の終焉期に書かれたとされるローマ皇帝の伝記の集成『ローマ皇帝群像』には、マルクスの伝記ばかりでなく、養父アントニヌス・ピウス帝、義弟ルキウス・ウェルス帝、そして息子コンモドゥス帝、さらに帝位僭称者アウィディウス・カッシウスの伝記も収められている。この伝記が与える情報は豊かであるが、ゴシップ記事が多く、誤りや捏造が少なからず見られる。しかし、史料の指示する範囲や信憑性に配慮して用いれば、歴史記述の際の貴重な素材として利用することは十分可能である(以下では、原則として『ローマ皇帝群像』「○○伝」という方式でこの史料を示すことにする)。

文学作品以外では、マルクス・アウレリウスが発布した法令等や発行した貨幣、建造物、そして冒頭に触れたマルクス・アウレリウス記念柱の浮彫も貴重である。ローマ市のカピトリーニ美術館に保存された青銅製の騎馬像や宗教行為などを描いた浮彫、ヨーロッパ各地の博物館等に所蔵される少年期や皇帝時代の姿を写した彫像なども、マルクスの姿だけでなく後世の評価も知る上で大事である。ただ、マルクスが生きた紀元二世紀は一般に平和な時代とされているが、総じて文学的資料にも考古学的資料にも恵まれているとはいえず、とくに当該時代の文学作品の様々な記述に散在している情報を集めねばならない。現在の学界では、ローマ人が石などに刻んだ銘文の収集と分析の進展に大きな期待が寄せられている。

本書で引用する古代の証言、文章については、訳者の名を記さない場合は私の試訳である。また、『ローマ皇帝群像』のアントニヌス・ピウス帝、マルクス・アウレリウス帝、ルキウス・ウェルス帝、帝位僭称者アウィディウス・カッシウスの伝記については、次の書物で発表した拙訳を用いる。アエリウス・スパルティアヌス他(南川高志訳)『ローマ皇帝群像1』京都大学学術出版会、二〇〇四年。なお、『自省録』の神谷訳を引用する際、一部人名の発音表記を変更し、音引きを略したところがある。

第一章　自分自身に

──『自省録』のマルクス・アウレリウス

壮年期のマルクス・アウレリウスの彫像

君は多くの無用な悩みの種を切りすてることができる、なぜならばこれはまったく君の主観にのみ存在するからである。全宇宙を君の精神で包容し、永遠の時を思いめぐらし、あらゆる個々の物のすみやかな変化に思いをひそめ、誕生から分解に至るまでの時間のなんと短いことかを考え、誕生以前の無限と分解以後の永遠に思いを致すがよい。それによって君はたちまちひろびろとしたところへ出ることができるであろう。

（第九巻三二）

1　『自省録』という書き物

『自省録』とは何か

マルクスの生涯を語る前に、彼をローマ皇帝であることよりも有名にしている著書『自省録』について簡単に紹介しておこう。

『自省録』という書物には、この章の扉の文にもあるように、「君」という二人称で自分自身に語りかける文章が非常に多い。語りかけるだけでなく、叱ったり励ましたりするような文も多々見られる。そのために、この書物は内省の記録と考えられてきた。

ローマ帝国の末期に成立したとされるローマ皇帝の伝記集成『ローマ皇帝群像』に収められた「アウィディウス・カッシウス伝」の第三章に、次のような一節がある。

「実際、［マルクス・］アントニヌスは哲学者としてたいへん有名であったので、マルコマンニ戦争に出征する時に、不運が［彼に］降りかかることを皆が恐れ、へつらいではなく、真心から『哲学の教訓』（プラエケプタ・フィロソフィアエ）を出版するよう求めたほどであった。彼は、そのように恐れているわけではなかったが、三日間、『訓戒』（パラエネシス）——これがあの『哲学の教訓』である――を章を追って順に論述した。」

アウィディウス・カッシウスとは、本書第四章で詳述するように、一七五年にマルクスに反乱を起こして皇帝を僭称した人物である。ここに記された『哲学の教訓』はおそらく『自省録』を指すのであろうが、学界では一般に、このような『自省録』の成立過程はこの謎めいた伝記集でしばしばなされる、作家の創作だと見なされている。

マルクスが自身の内省の記録といってよいこの書き物を公刊するつもりがなかったことは、その文章内容や当時のマルクスに関する史料情報からまず間違いない。そのため、本としての題名を付けるようなこともしなかっただろう。四世紀の弁論家であり政治家でもあったテミスティウスという人物が、マルクスの書き物を「格言を集めたもの」の意で「パランゲルマタ」とギリシア語で言及しているが、古代ではこの書き物に関する情報は、以上の二点以外には伝わらない。

その後、経緯はわからないが、一〇世紀以降のビザンツ帝国(東ローマ帝国)の書物に言及・引用がなされるようになる。そして、もともとマルクスがギリシア語で記述したこの書き物に、「自分自身に」の意のギリシア語「タ・エイス・ヘアウトン」という名が付けられているのである。今日の写本や書物の伝承に関する研究では、一〇世紀にはこの書き物が全一二巻から成る書物として伝えられていたと推測されている。一六世紀中葉になって、一〇世紀以降の写本に基づいた初めての印刷版が、ラテン語対訳付きで刊行された。さらに、別の写本も用いた校訂本も作られ、写本には段落しかなかった文章に、章を区分する試みがなされた。こうして、著者本人の書いた順や構成との異同は問題ではあるものの、今日読めるようなテキストへと整理されていったのである。

テキスト整理と並行して、近代諸語への翻訳も進んだ。題名はラテン語訳でも「アド・セー・イプスム」、つまり上記ギリシア語の意味と同じ「自分自身に」とされ、それらを受けた近代語でも内省の書という内容に応じた訳が当てられた。日本語訳としては、神谷美恵子の原典ギリシア語からの訳が刊行される以前、英語訳からの重訳で『瞑想録』として訳出されており、「省察録」という名前でも言及されている。

『自省録』の特徴

今日、『自省録』のテキストは一二巻に分けられ、それぞれの巻において章に区切って番号を付し、長短の文章が収められている。しかし、内省の記録、その覚え書きであったマルクス自身の書き物がそのような整った体裁をなしていたとは思われない。実際、現在のテキストでも、内容にまとまりや順序がある訳ではないのである。

『自省録』第一巻の末尾（ないし第二巻冒頭）には「グラン河畔のクァディ族の間にて記す」と

あり、第二巻の末尾（ないし第三巻の冒頭）にも「於カルヌントゥム」と記されている。グラン川（現フロン川）は現在のスロヴァキアから南に流れて、ハンガリーのブダペスト市の北西でドナウ川に合流する河川であり、カルヌントゥムは現在のオーストリア、ウィーンの東三〇キロほどのドナウ河畔に位置し、ローマ軍の要塞と大規模な民間人定住地があった場所である。いずれもマルクスがドナウ川の北に居住する諸部族と戦っていたマルコマンニ戦争の前線にあり、彼が陣営で『自省録』所収の文章を書いたと推測される。しかし、この二箇所以外にこうした記事はない。要するに、『自省録』はいつ、どこで、どのような順序で書かれたのか、ほとんどわからないのである。

『自省録』の大半は、内省の記録が覚え書き風に記されているが、第一巻にまとめられた文章は趣を全く異にする。第一巻にはマルクスが家族や師友に捧げた感謝の言葉が集められている。冒頭は「祖父ウェルスからは、清廉と温和（を教えられた）。」であり、次は父、さらに母への謝辞が続く。最も長い謝辞を捧げているのは、養父で先帝であったアントニヌス・ピウス（以下、アントニヌス帝と表記）である。一方、マルクスをその幼少時に可愛がり、後に彼が皇帝になる運命を定めたといってよいハドリアヌス帝に対して、マルクスは謝辞を捧げていない。この点に関して推測できることは次章で語ることにしたい。この第一巻の謝辞の最後は神々に対する感謝の言葉になっており、自らの生涯を総括したような文章でもある。このような具体性を備えた巻は他にはない。諸皇帝の名前は他の巻でも言及されているが、歴史の情報を得られるのはこの第一巻だけであるといってよかろう。

これまでの研究では、この第一巻で謝辞を捧げられた教師などを分析し、マルクスの受けた教育や哲学の性格などが論じられてきたが、本書では後ほど第六章において、マルクスが統治した帝国の現実に即してこの第一巻を分析することにしたい。

『自省録』はギリシア語で書かれている。マルクスはローマ人であり、母語はラテン語であったので、内省の文章をわざわざ外国語で記したことになる。しかし、マルクスが生きた時代のローマ帝国では、富裕な上層市民の子弟は幼い頃から歴史ある文学言語のギリシア語を習得するように教育されていた。読者を意識していたとは思われないので、彼がギリシア語で記したのは、哲学的な表現を用いるのにギリシア語の方が適していたため、ごく自然にそうしたと考えてよかろう。

ところで、今日もなお『自省録』を魅力的だと感じさせるのは、内省の思いが平易な言葉で綴られ、人がどのように生きるべきかが苦悩の中から紡ぎ出された真摯な言葉で語られているからである。そして、その語りの基礎には、マルクスが学んだ哲学の体系があった。とくにマルクスは、師であるルスティクスから紹介されたストア派の哲学者エピクテトス(五五年頃～一三五年頃)の書を読み、これに大きな影響を受けた。エピクテトスは、奴隷の生まれであるが、解放されてのち哲学者として名声を得た人物で、弟子のフラウィウス・アッリアヌスがまとめた『語録』『要録』が今日も伝えられている。マルクスの哲学的な言葉は、エピクテトスをはじめとするストア派哲学の教説を踏まえたものであった。

しかし、それ以上に重要なことがある。マルクスは少年期から哲学を熱心に学んだが、彼は哲学を生業にする学者でも教師でもなかった。若い頃よりローマ帝国の統治に関わった政治家であり、戦争の最前線で生涯を閉じたローマ軍の最高司令官だった。従って、その思考は必然的にローマ帝国の政治と社会の現実に密接に結びついたものとならざるをえなかった。この点が大事である。『自省録』の訳者神谷美恵子は、その「訳者解説」で『自省録』の思想内容をまとめた後、次のように語る。

「以上が『自省録』にあらわれた思想のきわめて大まかな要約である。これを通して見れば、マルクス・アウレリウスはエピクテトスのあまりにも忠実な弟子であって、そこには思想的になんの新しい発展もない。そしてストア哲学の思想というものが現代の我々にとっていかなる魅力を持つかと考えてみると、そこには自らある限度がある。その説くところの物理学も論理学ももはや我々にとってほとんど意味がない。ただその倫理のみがその厳格なる道義観をもって今日もなお崇高な美しさと権威とを保っている。しかしこれもまたある限界を持っている。この教えは不幸や誘惑にたいする抵抗力を養うにはよい。我々の義務を果させる力とはなろう。

しかしこれは我々の内に新しい生命を湧き上がらせるていのものではない。『われらの生活内容を豊富にし、われらの生活肯定力を充実しまたは旺盛にするものではない。』そういう力の泉となるには、全人格の重心のありかを根底からくつがえし、おきかえるような契機を与えるものが必要である。それはストア哲学にはない。

しかしこのストア思想も、一度マルクスの魂に乗り移ると、なんという魅力と生命とを帯びることであろう。それは彼がこの思想を身をもって生きたからである。生かしたからである。」

（『　』内の文章は、三谷隆正『幸福論』からの神谷の引用）

長い引用となったが、神谷が示唆するように、『自省録』の言葉が与える力は、哲学の体系よりもマルクス個人の生きざまから生み出されたものの方が大きいと理解するのがよいと私には思われる。ただ、マルクスの生涯を考えるにあたっても、彼が生きた時代の「哲学」の状況を理解しておくことは必要だろう。

2　ローマ帝国の哲学とマルクスの思想

ローマ時代の哲学

ローマが地中海周辺地域に覇を唱えて帝国となった前二世紀、支配下に入ったギリシアや小アジア(現トルコ)から首都ローマ市に使節団が何組も訪れた。前一六八年にローマ市にやって来たマロスのクラテスはギリシア文学の大家で、用件は小アジアにあるペルガモン王国の王の使節ということであったが、文学と文法に関する公開講義を行った。こうしたギリシア文化の到来に対して、前一六一年、ローマの元老院はすべての哲学教師と修辞学教師をローマ市から追放すべきとする布告を決議している。政界の保守政治家が新しい学問の受け入れに難色を示したのである。しかし、政界の大物を輩出していたスキピオ家がギリシア文化を愛好したこともあり、ギリシアからの来訪は続いた。

前一五五年には三人の有名な哲学者がアテネから使節としてやって来て、公開講義を行い、人々を熱狂させた。アリストテレスを祖とするペリパトス派のクリトラオス、プラトンの学園の系譜であるアカデメイア派のカルネアデス、そしてストア派のディオゲネスの三人である。このときローマの人々に最も称賛されたのはアカデメイア派のカルネアデスであったが、その後のローマで広く受容されることになったのはストア派の哲学である。

ストア派は、前四世紀の終わり頃にアテネでゼノン(前三三四年頃〜前二六一年頃)が創設した哲学の学派である。学派の名は、彼がアテネのアゴラ(広場)内のストア・ポイキレ(彩色柱廊)で教えたことに由来する。その教えは先行するギリシア哲学諸派の教説を踏まえて展開したものと独自なものとから成るが、他派からの批判を克服しつつ体系を整えてローマに伝わり、定着した。ローマでストア派がしっかりと受け入れられたのは、前二世紀後半にスキピオ家の支援を受けてパナイティオス（前一八五年頃〜前一〇九年頃）がローマ市に滞在したことと、その弟子のポセイドニオス（前一三五年頃〜前五一年頃）の下でローマの政治家キケロが教えを受けたこと、この二つの意義が大きい。キケロは、哲学の学派としてはアカデメイア派に属したが、ストア派の教説をローマ人に紹介したのである。

ストア派と並んでヘレニズム時代の哲学として知られる学派に、エピクロス派がある。ギリシアのサモス島生まれのエピクロス（前三四一年〜前二七〇年）によって開かれ、ローマに伝わった。共和政時代末期に活躍した詩人ルクレティウス（前九四年頃〜前五五年頃）は、このエピクロスの宇宙論をラテン詩で歌った作品『事物の本性について』を残している。ストア派が禁欲説でエピクロス派が快楽説と誤解されやすい対比で説明されることがあるが、エピクロスのいう「快楽」は感覚的な「快」を退けて簡素な暮らしの中で「心の平静」を得るものであった。また、エピクロスは原子論を踏まえて魂も物体と見、来世を否定して死に対する恐れを断つべしとした。この点は、後述するように、マルクスの『自省録』中の死に関する文言にも関係する要素である。

ストア派の教えとマルクス

前四世紀に始まったストア派の哲学は、アテネを中心にした「初期ストア派」、上述のパナイティオスやポセイドニオスが中心になってロドス島を本拠にヘレニズム世界で発展した「中期ストア派」、そしてローマ帝国に伝わって帝政期に栄えた「後期ストア派」、以上の三段階にその歴史を分けるのが一般的である。そして、マルクスは、セネカ、ムソニウス・ルフス、その弟子のエピクテトスという後期ストア派の流れを最後に代表する人物と位置づけられている。

ストア派の哲学は、論理学、自然学(神谷は「物理学」と呼ぶ)、倫理学の三部門より成る。論理学は、思考の法則や形式を明らかにする今日のいわゆる論理学よりも広く、弁論術や詩学も含んでいたが、マルクスはこの論理学について多くを語ることはしていない。自然学はセネカの残した著作にあるように、後期ストア派にも重要な分野であった。ここでいう自然学は現代の自然科学と異なり、宇宙やそのあり方に加えて、もっと心的な問題にまで及んでいた。マルクスは、エピクテトスを踏まえてであろう、「宇宙がなんであるかを知らぬ者は、自分がどこにいるかを知らない。宇宙がなんのために存在しているかを知らぬ者は、自分がなんであるかを知らず、宇宙がなんであるかをも知らない。」(第八巻五二)と書く。また、天体について観察しなかったことをよかったこととしている(第一巻一七)ほどであるから、『自然研究』を残したセネカとは異なるが、マルクスにとっても「自然」は非常に重要で、宇宙の秩序を律する摂理

（マルクスは「ロゴス」と呼んでいる）といってよいものであり、「神」とも等値される。自然は人間の内なるものでもあり、ロゴスを「理性」として有している。宇宙の自然と人間の自然とは調和するべきものであった。この点は彼の行動の指針にも表れる。

「すべて自然にかなう言動は君にふさわしいものと考えるべし。その結果生ずる他人の批評や言葉のために横道にそれるな。もしいったりしたりするのが善いことなら、それが自分にとってふさわしくないなどと思ってはならない。他人はそれぞれ自分自身の指導理性《ト・ヘーゲモニコン》を持っていて、自分自身の衝動に従っているのだ。君はそんなことにはわき目もふらずにまっすぐ君の道を行き、自分自身の自然と宇宙の自然とに従うがよい。この二つのものの道は一つなのだから。」（第五巻三）

さらにマルクスは、宇宙を一つの国家と考え、その国家の市民として生きることを善とするストア派のコスモポリタニズム（世界市民思想）を堅持して、次のようにいう。「私の属する都市と国家は、アントニヌスとしては、ローマであり、人間としては世界である。したがってこれらの都市にとって有益なことのみ私にとって善いことなのである。」（第六巻四四）神谷訳では「世界」とあるところ、原語はコスモスで、「宇宙」である。この記述は普通の哲学教師の発言ではなく、「人の住みうる大地」すべてを支配している大ローマ帝国の皇帝の考えであり、彼の施策を考える際に参考になる。マルクスにとって、理性を共有する者は皆、同じ国家の「同胞」だった。
マルクスにとって、ストア派の学問で最も重要であったのは、善き生き方の基礎となる倫理学であった。人間は自然に即して、すなわち理性に従って生きることにより、その存在と人生の目的を果たすことができる。そのためには、自身の意思の外にあるあらゆることから解き放たれねばならない。そう考えるマルクスは、自分自身や他人の誤った考えや行動に囚われるなと警告する。悲しみや怒り、憎しみから解放され、心の平静（マルクスはこうした境地を「不動心《アパテイア》」と記す。第一一巻一八参照）を保つことの大事さを説いている。「激情から解放されている精神というものは、一つの城砦である。一たびそこへ避難すれば以後絶対に犯されることのないところで、人間にこれ以上安全堅固な場所はないのである。」（第八巻四八）
彼が『自省録』で頻繁に言及する「死」への恐怖からの解放も、この点にある。「死は誕生と同様に自然の神秘である。同じ元素の結合、その元素への（分解）であって、恥ずべきものでは全然ない。なぜならそれは知的動物にふさわぬことではなく、また彼の構成素質の理法にもふさわぬことではないからである。」（第四巻五）
マルクスは物事の判断に際してはしっかり吟味すること、また悲しみや苦しみ、困難に対してもたやすく諦めることがないようにいう。「あることが君にとってやりにくいからといって、これが人間にとって不可能であると考えるな。しかしもしあることが人間にとって可能であり、

その性質にかなったことであるならば、それは君にも到達しうることだと考えるべし。」（第六巻一九）

ただ、人間にとって自由にできるのはその精神的な働きや善悪を判断する「徳」といったものであって、肉体など自由にならないこと、人間の意思でどうにもならないことは運命として受け入れる。できないことは諦め、そうすることで味わう苦痛をなくす。ストア派のこうした教説をマルクスもとっている。さらに、「宇宙の自然の善しとすることの遂行と完成とを、あたかも自己の健康を見るような眼で見よ。したがってたとえいささか不快に思われることでも、起ってくることはなんでも歓迎せよ。」（第五巻八）「もし個々のものが絶えず別のものに変化することが、これらの要素自体にとって少しも恐るべきことでないならば、なぜ我々が万物の変化と解体とを恐れようか。それは自然によることなのだ。自然によることには悪いことは一つもないのである。」（第二巻一七）とまで言っている。

以上、『自省録』に表れたマルクスの思想、とくにそのストア派的な特徴などをいくつか説明したが、古くから紹介されてきたことばかりであったかもしれない。私が本書で注目したいのは、彼のこうした哲学思想が、神谷が示唆したように彼の人生、とくに皇帝としての行動に果たして影響を与えたのかどうかということである。その検討作業を第四章以降の課題としよう。いよいよ章を改めてマルクスの人生の歩みを語り始めたいが、その前にもう一つ、ローマ帝国に受容されたストア派、とくに後期ストア派について説明しておかねばならない重要点がある。

3　ストア派哲学とローマ皇帝

ストア派とローマの政治

ストア派の哲学は、ローマ帝国社会において他の学派に比べて特異な展開を見せた。「哲学者」といえば、一般に哲学の研究者や教師が想定される。ローマの場合でも、大方のストア派の哲学者は教師を生業とする人々であったと思われるが、上層市民、とくに政治担当階層である元老院議員がストア派を奉じたケースがしばしばあり、そうした人々がストア派の信条に従って行ったかのように見える過激な政治行動やそれに対する権力者側からの迫害が生じたのである。

その先駆的な例は、カエサル（シーザー）の政敵であったカトである。カト（小カト：前九五年～前四六年）は、「カルタゴは滅ぼさねばならない」と述べたことやギリシア文化嫌いで有名な前二世紀の政治家カト（大カト）の曽孫である。ストア派を奉じて厳格な生活を送った小カトは、元老院中心の政治的伝統を守ろうとしてカエサルに対抗し、その政敵ポンペイウスの側に与《くみ》して戦ったが、敗北。北アフリカのウティカで壮絶な自殺を遂げたのである。この小カトの死を、後にストア派哲学者セネカが称賛している。

もっとも、ストア派がいつも権力者に反抗する側にあったという訳ではない。カエサルの相続人で権力を掌握したオクタウィアヌス、すなわち初代皇帝アウグストゥスの哲学の教師はタルソスのアテノドロスという人物であったが、この人はキケロを教えたポセイドニオスの弟子で、ストア派だった。第五代皇帝のネロの教師、そして側近となったのも、先に触れたセネカである。

しかし、ネロ帝の治世(五四年～六八年)から一世紀後半のフラウィウス朝の諸皇帝の時代(六九年～九六年)にはストア派を奉じる元老院議員が皇帝に対する抵抗や反抗的態度を見せ、それを理由に迫害されるという事態が生じた。

ネロ帝の治世の六五年、ストア派の哲学者でネロの師かつ側近だったセネカが皇帝から自殺を強要され、「ローマのソクラテス」といわれるストア派哲学者で、エピクテトスの師であったムソニウス・ルフスが追放刑に処せられているが、その理由は彼らが貴族ピソ一派のネロ打倒の陰謀に加担したということであった。しかし、六六年、元老院議員でストア派哲学者のトラセア・パエトゥスが皇帝ネロに自殺を強要され、その女婿でやはり元老院議員でストア派のヘルウィディウス・プリスクスがイタリアから追放される事件が生じたが、弾圧された理由は彼らの有する信条のためだったと史書は伝える。トラセアはネロ帝に隷従している元老院議員たちに対して元老院の自主性を高揚させる行動をとってきたが、告発されるまでの数年間は元老院への登院を故意に拒否していた。事件を伝える歴史家タキトゥスは、告発者の一人がネロ帝に対して、ストア派は帝国を転覆させるために「自由」を高く掲げており、転覆に成功すれば次には自由そのものを滅ぼそうとするでしょう、と讒訴したという。

ネロ帝死後の内乱を勝ち抜いて皇帝となったウェスパシアヌスの治世（六九年〜七九年）になると、追放されていたヘルウィディウスが帰還し、皇帝を無視し、敬意を払わず嘲ったりした。ヘルウィディウスは七一年頃に追放処分となり、七五年頃には殺害された。三世紀の史書であるが、ディオ『ローマ史』第六六巻には次のように記されている。

「ウェスパシアヌスがヘルウィディウス・プリスクスを憎んでいたのは、……（中略）……彼が民衆と密接に結びついた不穏な人間であり、また常に君主政を非難し、一方で民主政を称賛したからであるという点は全く明白であった。そして、これらの理由が妥当するようなことをヘルウィディウスは行った。すなわち、権力の座にある人々を侮辱したり、大衆を扇動して確立している社会秩序を混乱させ、革命を持ち込むことがあたかも哲学の仕事であるかのごとくに、人々を組織したのである。」

ここには、元老院議員の史家ディオ個人の政治観や三世紀という彼が活動した時代の皇帝政治の現状が反映されているので、一世紀後半の実情も同様であるとそのまま鵜呑みにすることはできないが、哲学と政治の関わりが容易に推測されよう。

　哲学者への迫害はウェスパシアヌスの次男の皇帝ドミティアヌスの治世(八一年〜九六年)にも生じた。ヘルウィディウスの同名の息子が皇帝の離婚を皮肉る劇を作った廉《かど》で、またヘレンニウス・セネキオという元老院議員がヘルウィディウスの伝記を書いた廉で、さらにアルレヌス・ルスティクスという元老院議員がトラセアとヘルウィディウスへの頌詞《しょうし》を作り出版した廉で、九三年に告訴されて死刑に処せられたのである。彼らの作品は焼却処分され、トラセアの未亡人アッリア、ヘルウィディウスの未亡人でトラセアの娘であるファンニア、アルレヌス・ルスティクスの妻グラティラと兄弟のマウリクスも追放処分となっている。ドミティアヌス帝治世には、おそらく八九年と九四年頃に哲学者の追放処分もなされた。二度目の処分では、首都ローマにとどまらず、イタリアからも追放となり、この時にかのエピクテトスも首都を離れ、ギリシア北西部エペイロス地方のニコポリスに移ったのであった。

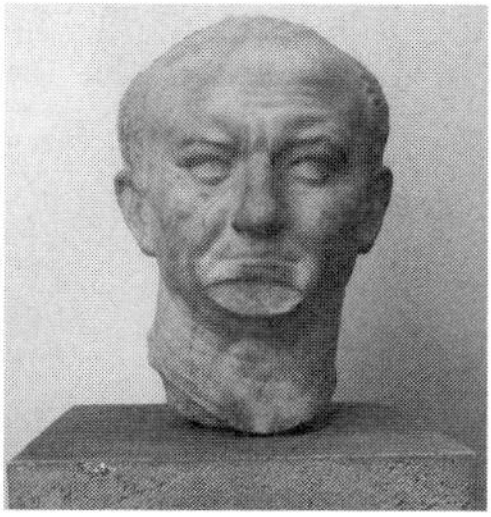

図 1-1　皇帝ウェスパシアヌスの彫像

　こうした諸事件について、学界では元老院議員の反抗・抵抗と哲学との関係を自明なものとして扱い、「哲学者の反対行為」「ストア派の反対行為」と呼んでその性格などを議論してきた。皇帝に敵対する元老院議員への迫害は、ローマ皇帝政治の誕生から定着に至るまでの過程や皇帝政治の本質を巡る問題として、歴史学上きわめて重要であり、私自身も以前に研究したことがある（拙著『ローマ皇帝とその時代――元首政期ローマ帝国政治史の研究』第一部第二章）。ここではその議論には立ち入らないが、皇帝が哲学者を弾圧したこれらの事件の本質は、哲学、とくにストア派の教説にあるのではない、と私は考えている。皇帝やその統治へのこうした反対行為の背景には、紀元一世紀後半のローマ帝国に生じた政治支配層の社会移動、つまりイタリアの地方都市や属州の都市の有力者がローマの中央政界に続々参入して帝国政治に関わるようになった状況がある。その社会移動の結果、ローマ中央政界を包み込む環境にローマ古来の伝統を重視する気風が持ち込まれ、醸成された謹厳さと保守主義が皇帝政治への批判となって現実に現れた。これが哲学者元老院議員たちの反対行動の本質である、と私はみている。皇帝たちがこの尚古主義的で保守的な反対運動を抑え込む際、似た性格を有し運動に精神的助力をしていた「哲学」に罪が着せられたのである。哲学者は、反政府的・反社会的存在のレッテルを貼られて追放処分とされた。ストア派の哲学自体は決して皇帝政治に反対している訳ではなかったが、その教説のもつ精神性が反対行動をする人々の背中を押したのであった。

ドミティアヌス帝が暗殺されて後の「五賢帝」の時代には、こうした事件は生じていない。

しかし、皇帝と元老院議員との関係がこの一世紀の事件の時のようにならない保証はなかった。マルクスは『自省録』の第一巻において、娘をその息子に嫁がせた人物セウェルスに対して、次のような謝辞を献じている。

「私の兄弟セウェルスからは、家族への愛、真理への愛、正義への愛〈を学んだ〉。また彼を通してトラセア、ヘルウィディウス、カト、ディオン、ブルトゥスを知ったこと〈に感謝する〉。万民を一つの法律の下に置き、権利の平等と言論の自由を基礎とし、臣民の自由をなによりもまず尊重する主権をそなえた政体の概念をえたこと〈を感謝する〉。」（第一巻一四。本書で引用する神谷訳に付した〈　〉は筆者南川の補いである）

ここに言及されているトラセア、ヘルウィディウス、カトは、すでに先に言及した人々である。ディオンは前四世紀のシチリア島シュラクサイの政治家で、哲学者プラトンの弟子であり、その政治理念を実現せんとし一時支配者となったが、のち暗殺された。ブルトゥスはかのカエサル暗殺者の一人で、カエサル派に滅ぼされたが、一世紀の皇帝政治への批判者にとっては反皇帝的「自由」の象徴となった。この文章から見る限り、マルクスは『自省録』を書くはるか以前の青年時代から、過去の皇帝たちに対して元老院議員たちがどのような行動をし、皇帝たちがそれにどう対応したのか、十分知っていたと考えてよいだろう。ただし、トラセアらについてマルクスに教えたこのセウェルスは、哲学者ではあったがペリパトス派であり、ストア派ではない点は重要である。

さらに注目すべきは、『自省録』第一巻においてマルクスが長い謝辞を捧げている人々のうちにルスティクスがいることだろう。エピクテトスの書物を紹介し哲学へと導くという、マルクスの人生にきわめて大きな役割を果たした人物である。このストア派の哲学者で元老院議員のルスティクスこそ、先に触れたドミティアヌス帝の弾圧で殺害されたアルレヌス・ルスティクスの孫であった。マルクスにとり、皇帝という自身の立場と哲学とは著しい緊張を孕んだ関係にあったのである。『自省録』第六巻にある次の文章は、そうしたマルクスの覚悟と読むことができよう。

「『カエサル的』にならぬよう、その色に染まらぬように注意せよ。なぜならそれはよく起ることなのだから。」(三〇)

第二章　皇帝政治の闇の中で

――若き日のマルクス・アウレリウス

少年期のマルクス・アウレリウスの彫像

明けがたに起きにくいときには、つぎの思いを念頭に用意しておくがよい。

「人間のつとめを果すために私は起きるのだ。」自分がそのために生まれ、そのためにこの世にきた役目をしに行くのを、まだぶつぶついっているのか。それとも自分という人間は夜具の中にもぐりこんで身を温めているために創られたのか。……(中略)……いったい全体君は物事を受身に経験するために生まれたのか、それとも行動するために生まれたのか。小さな草木や小鳥や蟻や蜘蛛や蜜蜂までがおのがつとめにいそしみ、それぞれ自己の分を果して宇宙の秩序を形作っているのを見ないのか。

(第五巻 一)

1　ローマ皇帝政治の展開

プリンス誕生

マルクスは、紀元一二一年四月二六日、帝都ローマ市の中心部、カエリウスの丘にある邸宅で生まれた。マルクスの父はマルクス・アンニウス・ウェルスといい、元老院議員としての経歴を歩んでいたが、一二四年頃、最高公職である執政官（コンスル）職に到達する前の法務官（プラエトル）職に在任中、若くして世を去った。マルクスは『自省録』の中で、「父に関して伝え聞いたところと私の記憶からは、慎ましさと雄々しさ〈とを学んだ〉。」（第一巻二）と記しているが、おそらく父の記憶はごくわずかしかなかっただろう。

幼くして父を失ったマルクスは、父と同名の祖父の養子とされ、その屋敷で養育された。この祖父アンニウス・ウェルスは、当時のローマ中央政界の大物であった。マルクスが五歳になる一二六年に、きわめて稀な三回目の執政官職に就任する栄誉を得ている。彼にはマルクスの亡き父以外にもう一人の息子、アンニウス・リボがおり、このリボも一二八年に執政官職に就いている。

執政官職は、前六世紀末に王が追放され、王政から貴族の集団指導体制である共和政に変わって以来、ローマ国家の政治を主導する最高の公職であった。その強大な権限を一人の人物が独占しないように、毎年二人ずつ選ばれてきた。共和政ローマ国家では有力貴族がこの職を独占することが多かったが、前一世紀の内乱を経てローマ皇帝の政治が始まると、皇帝が執政官職に就かなくてもその権限を保持するようになったため、職自体の意義は大いに減じられた。けれども、政治支配層の人間にとって、この伝統的な国家の最高職に就くことはこの上ない名誉であったし、皇帝政治の下でも、執政官職を経験すると、その後にイタリア外の直轄領たる「属州」を統治する属州総督、とくに元老院が管轄する大きな属州(アシア、アフリカ)や皇帝が管轄し軍団が駐屯する重要属州の総督に就任することができたから、元老院議員の経歴の目標であり続けていた。

共和政期と同様、年頭に就任しその年に名を残す「正規執政官」が一番の名誉であったが、二世紀頃には正規執政官は数ヶ月で退任し、その後任となる「補充執政官」が任じられていた。毎年四〜五組の執政官のペアが存在したのである。それでも、二回目の執政官就任は皇帝自身を除けばきわめて稀であり、ましてや三回目の就任は破格の名誉だった。マルクスの祖父アンニウス・ウェルスは、一世紀末のドミティアヌス帝治世に最初の執政官職を務め、ハドリアヌス帝の治世初期の一二一年に二回目、そして一二六年に三回目の執政官職を務めた。さらに、

二〇人委員
←正規軍団見習い高級将校
←財務官
←按察官・護民官
←法務官
←正規軍団司令官
皇帝管轄属州総督
元老院管轄属州総督
←執政官
←元老院管轄二大属州
（アジア・アフリカ）総督
正規軍団駐屯皇帝管轄属州総督
クラトル（水道長官など）
←（二度目の執政官）
首都長官

図 2-1　元老院議員の昇進の順序．すべての議員が執政官職まで到達できた訳ではなかった．

首都での皇帝の代理ともなり得るほど名誉ある「首都長官」にも就任している。マルクスはそういう人物の孫として、祖父の二回目の執政官職の年に生まれたのであった。アンニウス・ウェルスやその一族がこのような地位や声望を持つに至った経緯については、当時の政界の状況とも絡めて、後にやや立ち入って説明しよう。

さて、マルクスの母はドミティア・ルキッラといい、一〇九年に正規執政官となっている元老院議員カルウィシウス・トゥルス・ルソの娘であった。彼女の母も執政官就任経験者の娘で、母方親族より膨大な財産を相続した人物である。つまり、マルクスの母も、ローマ社会最上層の高貴で富裕な家に育った女性だったのである。しかし、マルクスは『自省録』の中で、「母からは、……（中略）……金持ちの暮しとは遠くかけはなれた簡素な生活をすること〈を学んだ〉。」（第一巻三）と記している。

この母の家系に連なり、マルクスが『自省録』において謝辞を述べている注目すべき人物がいる。カティリウス・セウェルスといい、一二〇年に二回目の執政官となった有力者である。マルクスは『自省録』の謝辞において、「曽祖父からは、公立学校にかよわずにすんだこと、自宅で良い教師についたこと、このようなことにこそ大いに金を使うべきであることを知ったこと〈に感謝する〉。」(第一巻四)と記しているが、この「曽祖父」がカティリウス・セウェルスと考えられている。マルクスは多くの家庭教師によって教育を受けた。これについては改めて第三章で述べることにしたい。ここでは、この教育方針を採らせた「曽祖父」が、実はマルクス誕生の頃のローマ中央政界の実力者であったことに注意しておこう。

このように、マルクスは、父方でも母方でもローマ社会の最上層に位置する富裕な家系、政治的にも重きをなす家系に生まれたのである。彼は、アンニウス・ウェルス家の、そしてローマ国家の将来を担う男子として、政界実力者である祖父の家で育てられることになった。まさにプリンスである。しかし、そのような生まれが、彼にとって決して喜びにならなかったことは『自省録』のあちこちから読み取れる。こうした生まれによってマルクスは、ローマ中央政界、ローマ皇帝政治の闇の中に幼くして投じられることになったからである。その「闇」について、次に説明していこう。

皇帝政治の成立と発展

イタリア半島中部のティベル（テヴェレ）河畔に誕生した小さな都市ローマは、幾多の戦いを経て領土を拡大し、紀元前二世紀の後半には地中海周辺地域に絶大な影響力を持つ「帝国」となった。その結果、前六世紀末の共和政成立時より継続してきた都市国家の政治体制では国家の運営が困難となってしまった。前一世紀には多くの矛盾と危機のためにローマ人同士が争う事態となり、ローマ国家は極度の混乱に陥ったのである。その内乱にカエサル（シーザー）が勝利して独裁体制を樹立しかけたが、前四四年に暗殺された。再度生じた内乱を最終的に勝ち抜いたのは、カエサルの養子オクタウィアヌスであった。

オクタウィアヌスは、前二七年に元老院からアウグストゥスの尊称を授与され、新しい政治体制を創始した（以下、オクタウィアヌスをアウグストゥスと表記する）。長らく続いてきたローマ共和政体制の下では、元老院に集う政治支配層の有力者たちが集団で国家を指導してきたが、アウグストゥスはイタリア外の属州を統治し軍隊を動かす権限「執政官相当命令権」を保持し、イタリアや首都ローマ市で政治を行う執政官や護民官の権限を、その職に就かなくとも「職権」として常時保持するようになった。こうした法的な権限を集中的に保持しただけでなく、国家宗教の最高神官職にも就き、前二年には全ローマ市民の家長を意味する称号「国父」を受けた。このように、アウグストゥスが文武にわたる強大な権力を手に入れ、最高の社会的権威を有して、単独で政治・軍事・司法・宗教などを主導するようになったのである。元老院や民会は存続したものの、政治機関としては形式化し、共和政は実質的に終わりを告げた。アウグストゥスは「皇帝」という新しく設けられた地位や称号を得た訳ではなかったが、まさに「皇帝」の名に値する存在となった。ローマはすでに前二世紀に地中海周辺地域に覇を唱え「帝国」となっていたが、ここに国内の政治体制も「帝政」へと移行したのである。

もっとも、アウグストゥスやその地位の後継者たるローマ皇帝たちは、共和政の体制を復興・維持しているという見せかけの下で行動したため、ローマ帝国の政治体制の性格は非常に曖昧なものとなった。また、皇帝政治はアウグストゥスが共和主義者とのせめぎ合いのなかから生み出したものであったから、共和政以来の政治的伝統に皇帝たちがどのような態度を取るかが、アウグストゥス以後の政治的展開の重要な要素となった。つまり、それは皇帝が共和政の政治機関であった元老院やその担い手である元老院議員たちにどう対応するかを意味していた。

ローマ皇帝が主導する統治システムは、アウグストゥスによる新体制創始から時を経るに従い、着実に定着していった。一世紀の終わり頃までには、皇帝政治の制度は自明のものとなり、共和政は「歴史」になっていったのである。とはいえ、人事権は皇帝が握りながらも、実際に広大な領土の統治に赴く属州総督などの公職者やローマ軍団の司令官は、依然として共和政時代と同様に元老院に籍を置く議員たちであった。元老院が共和政時代のように政治機関として指導的役割を果たすことはなくなったが、皇帝の指導下で実際に帝国統治を行うのは元老院の議員たちだったのであり、彼らをいかに自己の政権に取り込み、その力とするかが、政治家としての皇帝たちの最も重要な課題となっていたのである。

新しいローマ人

アウグストゥスの皇帝政治の開始は社会革命ではなかったから、共和政期と変わらず、土地所有者で富裕な元老院議員の階層がローマ社会の最上の支配層であり続けた。ところが、その元老院議員たちの間では、共和政末期の内乱で滅んだり相続人となる男子を得られずに家系が断絶したりで、首都ローマ市やイタリア各地の古くからの貴族家系が減少していった。一方、ローマ帝国の支配下に入ったイタリアの地方都市やイタリア外の直轄領である属州の都市では、ローマ市民権を得て社会的上昇を遂げていく者が増えた。そして、それらの都市の名望家のなかには、ローマの中央政界に進出する者も現れるようになった。早くからローマ帝国の統治下に入ったイベリア半島では、都市の発展にともない、ローマの元老院議員に次ぐ支配階層である「騎士身分」となる者が増えた。さらに、彼らのうちから首都ローマ市の元老院に加わる者も登場したのである。前一世紀、イタリア外の出身者として初めてイベリア半島出身の者が元老院議員となっており、また、初めて執政官職に就任したイタリア出身でない人物も、イベリア半島南部に設置の属州バエティカ(今日のスペインのアンダルシア地方に相当)の都市ガデス(現カディス)の出であった。

紀元一世紀、とくにその後半になると、イタリアの地方都市や属州の都市の出身者が中央政界に参入し、皇帝の下で重要な帝国統治の公職に就くようになった。皇帝を輩出する家柄は、皇帝ネロまでは共和政以来の流れを汲む貴族家系であったが、六八年にネロ帝が滅んで皇帝位をめぐる内乱が生じ、その結果新たに皇帝となったのは、イタリアの地方都市レアテ(現リエティ)の出身のウェスパシアヌス(在位六九年〜七九年)であった。彼自身は元老院議員としての経歴を歩んだが、その家柄は最上の元老院議員家系ではなく、次位の騎士身分の家系であった。この皇帝の下で、イタリア地方都市や属州都市出身の有力者たちの帝国中央政界への参入がさらに進んだ。こうした新興の人々を、オックスフォード大学教授を務めたローマ史家ロナルド・サイムは「新しいローマ人」と呼んでいるが、マルクスの家系もこの「新しいローマ人」として帝国社会で台頭してきた家柄だった。

現在のスペインにあたるイベリア半島の中南部には、先住のイベリア人や移住してきた「ケルト」人、ギリシア人に加えて、北アフリカの通商国家カルタゴの人々も進出して、大きな勢力となっていた。ローマは、このカルタゴと前三世紀に第一次ポエニ戦争を戦って以降、イベリア半島に介入し始め、前二世紀の後半にはカルタゴ勢力を排除しそれ以外の住民集団も支配下に置いて、半島の南部を中心に属州として経営するようになった。この属州では、イタリアからの移住者に加えて在地の有力者も市民権を得てローマ社会での上昇を遂げる者が増えていった。ローマ風の都市が建設され、従来の都市がローマ風に変えられたりして、ローマ帝国が統治する領域では南フランスと並んでイタリア風生活様式がいち早く広まった。これに合わせて、先述したようにイベリア半島属州出身者がローマ帝国中央の政界に参画するようになり、またローマの文化も定着・発展して、修辞学や哲学、文学の領域で著名な人物が次々現れた。修辞学者の大セネカ(前五五年頃〜後四〇年頃)やクィンティリアヌス(三五年頃〜一〇〇年以前)、詩人ルカヌス(三九年〜六五年)、そして大セネカの息子でストア派の哲学者であり、皇帝ネロの師となり、数多くの哲学・文学作品を残したかのセネカ(小セネカ：前四年頃〜後六五年)などである。

六九年に即位したウェスパシアヌス帝は、このイベリア半島属州の都市民に「ラテン権」という権利を広く与え、ローマ市民権を容易に取得できるようにしたことで知られる。加えて、この地の出身の有力者に破格の名誉も与えた。半島南部の属州バエティカに所在した都市イタリカ出身のトラヤヌスと都市ウックビ(現コルドバ市の数キロ南東に位置した)出身のマルクス・アンニウス・ウェルスを、パトリキに列したのである。パトリキとは、ローマの歴史の初期から存在する血統貴族で、国家宗教を担当する名誉ある家系である。皇帝政治の時代に家系が絶えてその数が少なくなったパトリキを補うため、新興の有力者を皇帝が指名した訳である。このトラヤヌスとは、一世紀末にローマ皇帝となったトラヤヌスの父親だった。そして、いま一人のマルクス・アンニウス・ウェルスこそは、先に述べたように、この書物の主人公であるマルクスの祖父にほかならない。この一世紀後半の地位の上昇が、マルクスの家系がローマ社会の最上層部に加わる大きな契機となったのである。

ローマ皇帝政治の展開

七九年にウェスパシアヌス帝が世を去り、その息子ティトゥスが皇帝位を継承した。彼は「名君」と呼ばれ、父親が首都ローマ市に建設し始めた大円形闘技場(コロッセウム)を完成させるなど統治に努めたが、八一年に死去し、弟のドミティアヌスが後継の皇帝となった。ドミティアヌス帝も内政・外交とも積極的な帝国統治を行ったが、共和政時代以来の伝統を誇る元老院を軽視して行動することが多く、また「主人にして神」と自称するなどしたため、元老院議員たちの反発や抵抗を呼び起こした。疑心暗鬼になったドミティアヌスは元老院議員らを陰謀の疑いで処罰するなど恐怖政治に走ったため、九六年、ついに暗殺されてしまった。

ドミティアヌスを殺害したグループは、古い家系の出の元老院議員ネルウァを皇帝に擁立した。しかし、ネルウァ帝はまもなくドミティアヌス帝を慕う勢力の反抗に遭い、その治世は動揺するに至った。この危機を切り抜けるため、ネルウァ帝は当時イタリアの北、属州上部ゲルマニアで大軍を擁していた属州総督のトラヤヌスを養子とし、共同統治者とした。ネルウァ帝はその後まもなく死去したので、九八年トラヤヌスは単独の皇帝となった。イベリア半島出身の「新しいローマ人」が大ローマ帝国の政治機構の頂点に君臨することになったのである。

トラヤヌスは「最良の君主」(オプティムス・プリンケプス)と呼ばれた皇帝である。地中海周辺地域に留まらず、アルプス山脈を越えて北や東に広がった広大な帝国に細かに注意を払い、征服戦争から公共の福祉に至るまで、当時のローマ人が高く評価する事績を上げたからである。ローマ人、とくに政治に関わる上層市民の皇帝評価の基軸は皇帝が元老院や元老院議員にどう

図2-2 「最良の君主」と呼ばれたトラヤヌスの横顔を刻んだ貨幣

対応したかにあったが、その点でもトラヤヌスは申し分のない皇帝であった。同帝は、共和政時代からの政治的伝統と創始後一〇〇年を過ぎた皇帝政治の現実、古い家柄を誇る貴族たちと新しく台頭してきた政治支配層、こうした性格を異にするものをうまく調和させ、自らの政治基盤や実践力としたのであった。

しかし、その晩年に行った東方のアルシャク(アルサケ

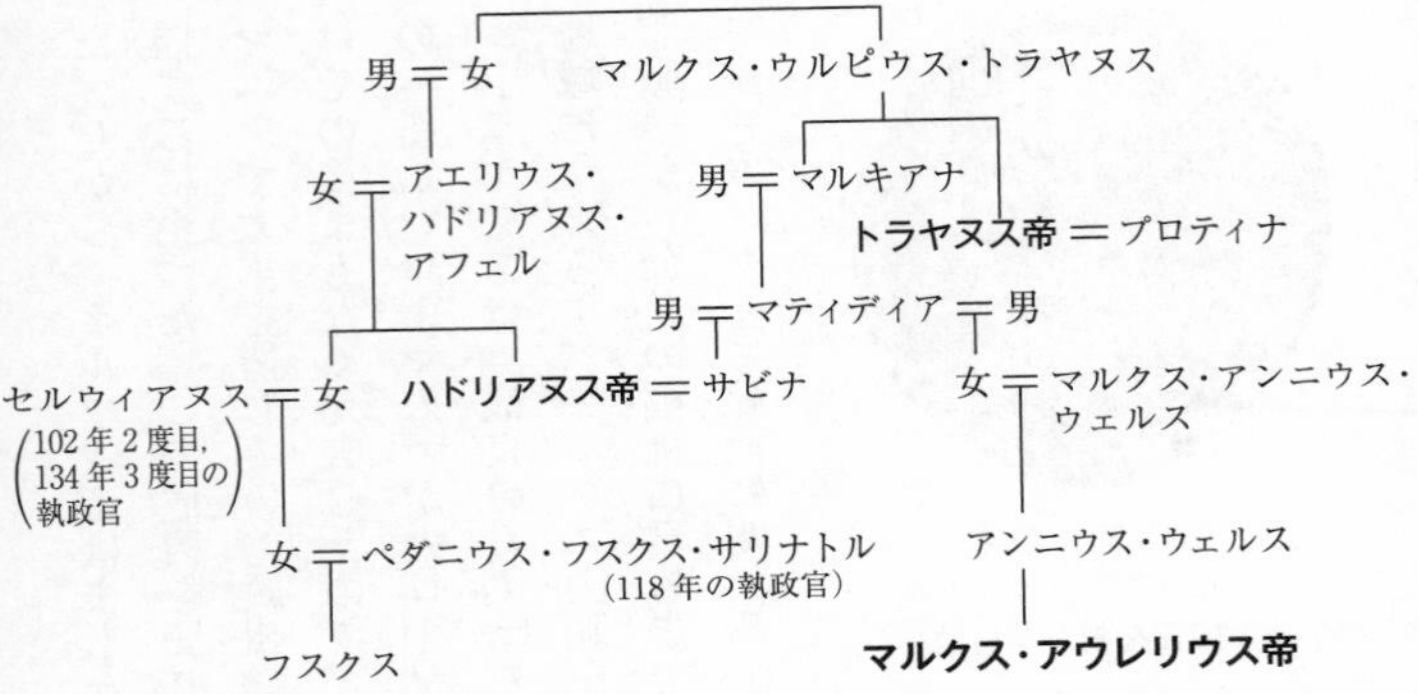

図2-3　家系図「トラヤヌス帝・ハドリアヌス帝とマルクス」

ス)朝パルティア王国への遠征は、一度はメソポタミアまで進んだものの、背後で反乱が生じて難しい状況となった。イタリアへ帰還しようとしたトラヤヌスは、一一七年、その途中の小アジアの小村で死去した。そして、その遺言により、皇帝の親族ハドリアヌスが養子とされたと発表された。ハドリアヌスはトラヤヌスの父方従兄弟の息子であり、その妻サビナもトラヤヌスの姪の娘であった。ハドリアヌスは当時属州シリア総督として対パルティア遠征の前線にあり、養子の発表後に麾下《きか》の軍団から「皇帝」と歓呼され、首都に戻って即位した。

養子縁組ではあるが、トラヤヌスとハドリアヌスとは、ネルウァとトラヤヌスのように親族関係が全くないという訳ではなく、むしろ近いつながりがあった。さらに、属州シリア総督という重要職にあって、軍団も手中にしていたので、ハドリアヌス即位には問題がなかったように見える。しかし、現実はそうではなかった。ハドリアヌスが首都に戻る間に四人の有力元老院議員が処刑されるという大事件が生じ、新皇帝にその嫌疑がかけられたからである。

2 皇帝政治の闇とマルクスの成長

四元老院議員処刑事件とハドリアヌスの養子縁組

殺害された元老院議員たちはすべて、執政官職を経験したことのあるローマ政界の重要人物であった。四人とも、トラヤヌス帝治世において軍を率いる属州総督を務めた実力者であり、その処刑は新皇帝の即位という本来慶事として祝われる機会に非常に暗い影を投げかけることとなった。

古代の史料はこの事件について明確で一致した情報を提供してはくれない。三世紀初めの史家カッシウス・ディオは、四人のうちの二人が狩りの間にハドリアヌスを殺害しようとした罪で、他の二人がその共犯として処刑されたが、本当のところは彼ら四人が大きな影響力を持ち、富と名声を享受していたからだ、と記す。さらに、古代末期の皇帝伝記集『ローマ皇帝群像』中の「ハドリアヌス伝」は、彼ら四人が「他の多くの者」とともにハドリアヌス殺害の陰謀をなしたが失敗して処刑された、と書いている。

実は、古代の史料には、この事件以外にもハドリアヌスの即位に疑念を抱かせるような記事が残されている。トラヤヌスは現在のトルコの南東部にあった属州キリキアの小村セリヌスで病没したが、ハドリアヌスの養子縁組はこの地で死の床にあったトラヤヌスによってなされた。皇帝のそばには皇后プロティナと姪のマティディア、そして皇帝を守る近衛隊の長官アッティアヌスがいた。マティディアはハドリアヌスの妻サビナの母であり、アッティアヌスはハドリアヌスと同郷だっただけでなく、ハドリアヌスの後見人を務めていたこともある人物だった。史家ディオは「ハドリアヌスはトラヤヌスによって養子とはされなかった」とはっきり書き、ハドリアヌスに恋情を抱く皇后プロティナとアッティアヌスが謀って皇帝としたのだとしている。さらに、トラヤヌス帝の死はハドリアヌスが養子となったとの知らせが広まるまで秘密にされ、首都の元老院へ送られる書簡にはプロティナが署名したと述べる。しかも、この養子縁組の真相を、ディオは事件の約六〇年後に属州キリキアの総督を務めた自分の父から聞いたとするのである。四世紀以降のラテン語史書にも養子縁組に言及する作品がいくつかあり、それらには、トラヤヌスには生前ハドリアヌスを後継者にするつもりはなく、ハドリアヌスは皇后の好意と陰謀で帝権を手に入れたと書かれている。

ハドリアヌスの養子縁組と四元老院議員処刑事件について、古代の史料から直接真相を解明することは難しい。これまで多くの歴史研究者が検討を試み、材料の範囲を文学的な資料から墓碑銘や凱旋門の彫刻まで広げて調査し、様々な学説を提起してきたが、決定的な説明は得られていない。そこで、私は事件の経過を解明することは至難と判断し、ハドリアヌスの皇帝位登位が政界でどのような意義を有したのかを解明することを試みた。その詳細はすでに論文や書物で明らかにしているので、ここでは私の分析の結果だけを述べて、マルクスが生まれた頃のローマ政界の状況を紹介しておきたい。

ハドリアヌス帝の治世の始まり

私は、トラヤヌス帝が一〇六年にダキア(今日のルーマニアに相当)征服を完了して、難題だったドナウ川辺境地域の治安の問題を解決するまでの時期を同帝の治世前半、その翌年の一〇七年以降の一〇年間を治世の後半と考え、トラヤヌス帝治世後半とハドリアヌス帝の治世について、国家最高の公職である執政官職、とくに年の初めに就任する正規執政官職に就いた人物、次いで執政官職を経験した後に複数の正規軍団が駐屯する重要な属州の総督になった人物を抽出し、その出身地や家系、経歴などを調査した。それによって、ハドリアヌスの登位が当時の政界にとって劇的な変化だったことが判明したのである。

トラヤヌス帝治世の後半期に比べて、ハドリアヌス帝治世の数年間に正規執政官になった人物には重要な特徴があった。治世開始から一二〇年までの正規執政官職は、ハドリアヌスの身内とイベリア半島出身者およびその関係者が独占していたのである。一二一年の正規執政官も、一名の出自は不明だが、もう一人はイベリア半島属州の出身であるマルクスの祖父であった。わかりやすい言い方をすれば、ハドリアヌス政権成立当初は、ローマの政界では新皇帝をはじめとして「スペイン系」勢力が急激な台頭を見せたと理解してよいのである。

これだけでは十分ではないので、帝国の重要属州の総督になった元老院議員も調べてみると、ハドリアヌス治世開始後の数年間に重要属州の総督となった者はスペイン系と確認できる元老院議員がわずかに二名のみ、スペイン系とつながりがある元老院議員を加えても四名に過ぎないことがわかった。ところが、驚くべきことに、ハドリアヌス帝治世の最初の数年間に複数の正規軍団を保有する重要属州の総督になったことが判明している三八名のうち、その就任のための前提となる執政官職をトラヤヌス帝治世に経験した者はわずか三人に過ぎず、またこれら三人は一〇六年〜一一〇年までに執政官職に就いていた。他の人々は、ハドリアヌス帝の治世に入ってから(正規執政官ではないが)補充執政官を務めて重要属州総督職に登用されたのである。トラヤヌス帝治世の後半一〇年間に重要属州総督になった人々は全員、一一〇年までに執政官職を経験して重要属州総督に就任していた。つまり、トラヤヌス帝治世の一一一年から一一七年までの間に執政官になった人々は、誰一人として重要属州の総督にならなかったのである。

要するに、ハドリアヌスは即位後、明らかにトラヤヌス治世とは断絶する形で自身の帝国統治のための人材登用を行った訳である。ごくわずかの例外となった人物も、皆ハドリアヌスと婚姻関係などで繋がった人たちであった。こうして、ハドリアヌスの登位とは、スペイン系勢力やハドリアヌス個人に繋がる人々によって強力に進められた政界再編の動きであったと理解されるのである。この動きの主導者たちを「ハドリアヌス派」と呼ぶことにすると、ハドリアヌス自身はその先頭に立っていたのであろうか。

これもすでに旧稿で詳論したのでここでは結論のみ述べておこう。ハドリアヌスはトラヤヌス帝と同郷で親族関係にあったものの、その経歴においてとくに優遇された訳ではなかった。彼はトラヤヌス治世の最終段階では属州シリアの総督という重要なポストにあったが、トラヤヌス治世の後半には出自・経歴とも彼を凌ぐ政界の要人が数多くいたのであった。そうした状況の中で、とくに傑出していた訳ではない彼が即位できた背景には、上記のような強力な支持者がいたことがある。その力はハドリアヌス自身を超えるものであった。処刑された四人の元老院議員のうち、イタリア系元老院議員ニグリヌスはハドリア

図2-4　皇帝ハドリアヌスの彫像

ヌスの親友だったと史書に記録されている。「ハドリアヌス派」の動きはハドリアヌスから友人を奪う強さがあったのだ。しかし、事件の責任や養子縁組にまといついた疑念をハドリアヌスは一人で負うことになった。この書の主人公マルクスが誕生したのは、ハドリアヌスの政権成立の四年後である。政界はまだ重苦しい雰囲気に包まれていた。

ハドリアヌス治世の経過とマルクスの成長

一一八年七月にシリアより首都ローマへ帰還したハドリアヌスは、元老院に対して尊敬の念を示すとともに、自ら執政官職に就任するのは最初の二年間に留め、他の元老院議員に就任の機会を与えた。元老院の会議には常に出席し、新議員の選抜には慎重を期して、元老院の地位を高めたと史料は記録している。首都の民衆にも祝儀を配り、剣闘士競技会を開催するなど、気前の良さを示した。

即位後の数年間、ハドリアヌスは緊張した時間を過ごし、慎重な行動を取った。帝国統治の面では、トラヤヌス帝末期に危機状態に陥っていた対パルティア戦争の後始末をするとともに、「ハドリアヌス派」を統治の人材として重用しながら、国政上の改革措置も次々実施していった。自身の権威向上の点でも措置を怠らなかった。即位後まもなく先帝トラヤヌスを神格化して自らを「神君の子」とした後、一一九年には妻の母で先帝の姪であったマティディアを、一二三年には養母である先帝の皇后プロティナを、それぞれ死後に時を置かず神格化したのである。ハドリアヌスは、一二一年に最初の巡察旅行に出発した。首都を離れて長期間旅行に出るのは、首都の政界をほぼ掌握できたとの自信を彼が持ったことを示している。

ハドリアヌスが最初の大旅行に出た年、マルクスは首都で生まれた。父を亡くした彼を養子として育てた父方祖父マルクス・アンニウス・ウェルスは、すでに述べたように、ウェスパシアヌス帝によってパトリキに列せられた家系の元老院議員であった。彼の妻は、その父親が共和政時代以来の名門元老院議員家系の出、母親はトラヤヌス帝の姪マティディアが八八年に執政官となった人物との間にもうけた娘、という女性であった。都市は違うものの、彼にはハドリアヌスと同じ属州バエティカの出身者というつながりがあった。このマルクスの祖父ウェルスがハドリアヌス即位時にどのような働きをしたかは全くわからない。しかし、ハドリアヌス治世の中盤の一二六年に彼が三回目の執政官職に就任し、息子リボも一二八年に正規執政官に就いているところから見て、ハドリアヌス帝政権でも重要な地位を占めていたと考えてよかろう。

このウェルスの娘の一人でマルクスの伯母にあたる女性ファウスティナ(同名の娘と区別し、大ファウスティナと呼ぶ)は、南フランスの都市ネマウスス(現ニーム市)出身家系の元老院議員に嫁《か》していた。この議員はティトゥス・アウレリウス・アントニヌスといい、後にハドリアヌスの後継者アントニヌス・ピウス帝(在位一三八年〜一六一年)となる人物である。アントニヌスの家系は属州都市出身だが、すでに父方、母方とも祖父が二度執政官職に就任した実績のある家柄であった。当人もハドリアヌス帝治世の最初期、一二〇年の年頭に名誉ある正規執政官に就任していた。ハドリアヌスが信を置いていた人物であったと考えられるが、その理由に彼がアンニウス・ウェルスの女婿だったことがあったかもしれない。

さらに、アンニウス・ウェルスの早世した息子の妻、すなわちマルクスの母については、その父方の祖母がカティリウス・セウェルスなる男性と結婚(再婚)したことが知られている。この人が、本章の最初で言及した、マルクスに家庭教師による教育を施すようにしたことで謝辞を捧げられている「曽祖父」と考えられる人物である。セウェルスは、ハドリアヌスが即位のために属州シリアを離れた後、この重要属州の統治を任された人物で、一二〇年にアントニヌスとともに正規執政官となっている。後年、彼はローマの元老院議員にとって政治経歴の最高と見なされた首都長官職にも就任している。ハドリアヌス帝政権の重要な担い手といってよい。このように、幼いマルクスの周辺には時の政権中枢の有力者が数多くいたのであった。

こうした環境で幼少年時代を過ごすマルクスは、当然早くから皇帝とも直接会う機会が頻繁にあったと推察される。『ローマ皇帝群像』「マルクス伝」によれば、マルクスはハドリアヌス帝から「ウェリッシムス」と呼ばれていたという。「真実の」「真正な」の意の「ウェルス」の最上級で、「最も真なる者」という意味である。日本語でいえば「真ちゃん」「誠ちゃん」に近い愛称かもしれない。ディオ『ローマ史』は、ハドリアヌスがマルクスを贔屓にしたのは、その親族のつながり(シュンゲネイア)からでもあると記している。この点について、アントニー・バーリー教授は、マルクスの母の祖母がハドリアヌスの祖先と共通するイベリア半島コルドゥバ市(現コルドバ市)のダスミウス氏の出であると推定している。性格であれ家系のゆえであれ、マルクスは早くから皇帝に目をかけられていたのであった。伝記史料に従うと、彼は六歳で名門貴族のステータスを示す「公有馬の騎士」の栄誉を与えられ、七歳で古くからのローマ国家宗教の祭司団であるサリイ神官団の一員とされた。彼はこの神官団で、人に習わずに自分で聖歌を習得し、踊りの指導者や神官団の長などを務めたという。

暗転するハドリアヌスの治世

一二三年、皇帝ハドリアヌスは東に向けてまた旅に出た。二年をかけて小アジアやギリシアを訪ねたのである。一二八年には北アフリカへ。一度首都に帰還後、また東へと向かった。アテネ、小アジア、シリアのアンティオキア、パルミュラ、エジプトのアレクサンドリアなどに立ち寄っている。この繰り返された長い巡察旅行は、帝国にとって、トラヤヌス帝が行った対外遠征に匹敵する意義を持つ。ハドリアヌスは帝国内の諸属州を訪ねてはその地で様々な措置をしたのである。とくに有名な措置は、ギリシア本土に対しての恩恵施与であった。

ハドリアヌスはとくにアテネを幾度も訪問し、祭典に参加したり、図書館などの公共建築物を寄贈したりしている。今日も巨大な柱が残るオリュンピエイオン神殿は、着工以来六〇〇年以上も未完成のまま経過していたのをハドリアヌスが完成させ、象牙と黄金でできたゼウス神の像を奉献したものである。建物ばかりではない。ハドリアヌスは、ギリシアの諸都市をまとめ上げるパンヘレニオン同盟を組織し、本部をアテネにおいて、四年に一度の宗教祭典を始めさせた。この組織にはギリシア本土や小アジア、マケドニアだけでなく、北イタリアの都市も加入した。帝国による属州統治とは別次元で、ローマ皇帝中心の統合組織を作り上げた訳である。しかも、ハドリアヌスは他にも新規の祝祭をいくつも始めさせたが、その一つは自身の名を冠したハドリネイア祭と呼ばれる皇帝礼拝に関連した祝祭であった。

長期間にわたって旅行し首都を留守にしたことは、彼が皇帝として揺るぎない力を持っていたことを示している。一二〇年代後半から一三〇年代にかけて、ハドリアヌスは絶対的な力を持つ君主となっていた。一二八年に旅行から帰還した時、元老院はイタリア南部のカンパニアまでわざわざ法務官を派遣して皇帝を出迎えるという、先例のない対応をしている。

一三〇年代に入り、ハドリアヌスは治世初期の頃に備えていた慎重さを全く欠いたような行動をするようになった。一三〇年、エジプト訪問中に同伴していた少年アンティノウスがナイル川で溺死して以来、精神的に不安定になったようにもみえる。ハドリアヌスのそれまでは見られなかったような無理な行動の最たる事例は、ユダヤの都市エルサレムをギリシア風の都市に変えて、「アエリア・カピトリーナ」という自分の氏族名を持った植民市にしてしまおうと試みたことであろう。

現在、ローマ市中心部にある有名な古代建築「パンテオン」は、アウグストゥス帝の盟友アグリッパが最初に建てた神殿だが、ハドリアヌスが一二八年頃までに再建し、今日まで残されている。その建物の正面玄関上部には「マルクス・アグリッパがこれを建てた」とのみ刻まれており、再建したハドリアヌスの名前はどこにも記されていない。その頃、ハドリアヌスは控えめだった。しかし、今や彼は、ユダヤ人の都市に自分の氏族名を付けようと試み、さらに、ユダヤ教の神殿に代えてギリシア宗教の最高神ゼウスの神殿を建てたのである。

一三二年、この政策に反対するユダヤ人たちが蜂起し、ローマ軍との戦争となった。第二次ユダヤ反乱、バル・コホバの乱と呼ばれるこの事件では、ユダヤ人たちはローマ軍に頑強に抵抗したので、ハドリアヌスは非常に苦戦し、大軍を投じることになった。一三五年には何とか鎮圧したものの、皇帝も軍隊も極度に疲弊した。

反乱を終わらせた頃、ハドリアヌスは六〇歳近くになっていた。当時のローマ人の年齢感覚からすれば、すっかり老境に入っていたといってよい。まもなく病を発した皇帝には、急がねばならない重大事があった。自身の後継者の決定である。

3　皇帝となる運命

後継者問題とマルクスの運命

ハドリアヌスには子供がいなかった。そのため、老いた皇帝は、養子縁組をして得た「息子」を皇帝位の継承者と定める手続きをしなければならない。ユダヤ反乱鎮圧の翌年、ハドリアヌスはついにその養子縁組を行った。近親の養子候補としては、姉(妹)の孫にあたる男子がいた。この男子、フスクスの父親は、ハドリアヌスが即位した時期に正規執政官の同僚となったイベリア半島出身のパトリキ格の貴族であったが、すでに世を去っていた。しかし、姉の夫で、男子の祖父であるセルウィアヌスが生きていた。彼は、ハドリアヌスと同じイベリア半島出身の元老院議員で、すでにトラヤヌス治世では有力者であり、一〇二年に二度目の執政官職に就いていた。この人物がハドリアヌス政権の成立にどのように関わったかは不明であるが、一三四年に三度目の正規執政官になるなど、皇帝の親族として政界で隠然たる力を維持していたと推察される。

ところが、ハドリアヌスはこの姉の孫を養子とせず、親族関係がないイタリア系貴族のケイオニウス・コンモドゥスを養子に迎え、アエリウス・カエサルを名乗らせたのである。しかも、この措置を喜ばなかったことを理由に、義兄のセルウィアヌスとその孫フスクスを死に追いやった。この陰惨な事件は、ハドリアヌス帝即位時に生じた四元老院議員処刑事件を人々に思い出させたであろう。

ハドリアヌスの措置は、養子縁組に留まらなかった。アエリウス・カエサルの娘ケイオニア・ファビアとマルクスを婚約させたのである。マルクスは一三六年、一四歳で「大人のトガ」を着用した、つまり元服したばかりであった。

ところが、そのアエリウス・カエサルがまもなく死んだのである。彼は、ハドリアヌスから皇帝位継承者にふさわしい「執政官相当命令権」を与えられ、属州パンノニア統治のために派遣されたが、まもなく病気となり、首都に帰還したものの回復せず、一三八年一月に死亡した。すると、ハドリアヌスはすぐ次の手を打った。一三八年二月、南フランス出身貴族家系の出の元老院議員で、ハドリアヌス治世初期の一二〇年に正規執政官となっていたアウレリウス・アントニヌスを養子にしたのである。先述したように、彼の妻はマルクスの伯母であった。加えて、ハドリアヌスは、マルクスと死んだアエリウス・カエサルの息子ルキウスの二人を、すでに男子を失っていたアントニヌスの養子にさせた。そして、ルキウスをアントニヌスの娘ファウスティナと婚約させたのである。マルクスは、ローマ市内のハドリアヌスの私邸に移ることになり、翌一三九年の財務官(クァエストル)職に予定された。
ハドリアヌスはその後、精神的な動揺を繰り返した。かつて彼を助けた人々をも迫害したと『ローマ皇帝群像』「ハドリアヌス伝」は伝える。そして、ついに一三八年の七月、彼は世を去った。最晩年にハドリアヌスが行ったアントニヌス養子縁組などの諸々《もろもろ》の措置には、帝位継承とその後のローマ中央政界の安定に対する皇帝の深慮があったと私は見ている。けれども、治世の最初と最後の血なまぐさい事件や晩年の混乱した振る舞いのため、ハドリアヌスは元老院議員の一部から憎まれていたので、その死に際し、元老院では「神格化」への反対すら生じた。この動きは新皇帝アントニヌスが説得して鎮め、ようやくハドリアヌスは「神君」とされたのであった。

図 2-5　ハドリアヌスの墓廟
(現サンタンジェロ城)

マルクスは、ハドリアヌスの行った養子縁組によって「マルクス・アエリウス・アウレリウス・ウェルス」と名を改めることになった。しかし、新皇帝アントニヌスは、ハドリアヌスの行わせたマルクスとケイオニア・ファビアとの婚約を解消させた。そして、自身の娘ファウスティナを、ルキウスとの婚約を解消させて、マルクスと婚約し直させた。さらに一三九年になると、マルクスを翌年の執政官職に予定させ、「アウレリウス・カエサル」の名を与えたのである。これでマルクスが将来皇帝位に即《つ》く運命は確定したのであった。マルクス、一八歳の時である。

ハドリアヌスとマルクス

以上に見てきたように、マルクスのローマ皇帝となる運命を定めたのはハドリアヌスであった。しかし、『自省録』第一巻の謝辞を捧げる人物にハドリアヌスの名は見いだせない。

ハドリアヌスの名が『自省録』で言及されるのは五箇所あるが、そのうちの三箇所は人の記憶の儚さ(第四巻三三)、「どこにもいなくなった」人の例(第八巻五)、埋葬の話の例(第八巻二五)としてその名が挙げられるだけである。人の死すべき運命について言及された箇所(第八巻三七)でも、たまたま彼の解放奴隷が例として言及されるに留まる。第一〇巻二七も、「現存するものはことごとく以前にも存在したということを絶えず考えよ。またこれらのものは未来においても同様に存在するであろうことを考えよ。さらに君が自分の経験から知ったものや、もっと昔の歴史から知った多くの劇全体や同様な場面を眼前に浮べよ。たとえばハドリアヌスの全宮廷、アントニヌスの全宮廷、またピリッポス、アレクサンドロス、クロイソスの全宮廷を。なぜならこれはみな現在あるものと同じで、ただ役者だけがちがうにすぎないのである。」とあり、ハドリアヌスに特別の意義がある言及ではない。

ハドリアヌスについて、マルクスはなぜ立ち入った言及をしなかったのだろうか。なぜ第一巻での謝辞を捧げる人物に含めていないのだろうか。『自省録』が公刊を意図していない書き物なのであれば、彼の人生に重要な影響を及ぼしたはずの皇帝に言及しても不思議ではないように思われるのだが。謝辞を捧げないばかりではない。マルクスは、アントニヌスへの謝辞(第一巻一六)で養父から「少年への恋愛を止めさせること〈を教えられた〉。」と感謝しているが、少年アンティノウスを愛したハドリアヌスを非難しているかのようである。

この問いについて、私は次のように推測する。すなわち、明らかに不自然なこの沈黙は、マルクスが一〇代後半までの多感な時期にハドリアヌスの宮廷やその周辺で見聞きし経験したことが関係している。今日の「五賢帝時代」という呼び名とは矛盾するような皇帝ハドリアヌスの振る舞いやその治世の重苦しい状況が、マルクスをして自分の手記に記憶として甦らせることを阻んだ。政界の非情な動き、皇帝政治の闇の体験が後年になってもマルクスを沈黙させたのではなかろうか。

先述したように、ハドリアヌスはかつて自分を支えた人々をも迫害したと伝記史料が伝えるが、名が挙げられている中にはカティリウス・セウェルス、すなわちマルクスに自宅で優れた教師の指導を受けるように配慮したとして『自省録』で謝辞を受けている「曽祖父」がいた。

帝権に野心を持っていたカティリウス・セウェルスは、アントニヌスの養子縁組を喜ばなかったとの理由で首都長官職を追われた、と伝記史料はいう。この措置は、軍事経歴がなく属州統治の経験も一度しかないアントニヌスの即位を確実にするため、軍事や属州統治の経験がある実力者を除いておこうとするハドリアヌスの政策によるものだったかもしれない。しかし、皇帝の親族の死や迫害事件、尊敬する曽祖父の更迭などを近くで経験したマルクスの若い心は、皇帝政治の非情さに強く衝撃を受けただろう。

ハドリアヌス帝治世での体験の記憶は、ハドリアヌスが世を去った後にローマ中央政界の表舞台に実際に立たねばならなくなったマルクスにとり、ずっしりと負わねばならない重荷となった。次章では、そのマルクスが皇帝となるまでの歩みを見ていこう。

第三章　宮廷と哲学

——即位前のマルクス・アウレリウス

ローマ時代の学校の様子を描いた浮彫

もし君が同時に継母と実母とを持っているとしたら、君は前者に仕えはするであろうが、しかし君が絶えずもどって行くのは実母のもとであろう。宮廷と哲学は君にとってちょうどこのような関係にある。後者のもとへしげしげと帰って行き、そこで憩うがよい。そうすることによって君に宮廷生活が我慢できそうになるのだし、また君自身も宮廷生活にとって我慢がなりそうな存在となるのだ。

（第六巻一二）

1　マルクスの受けた教育

ローマ社会の教育

アントニヌス帝は、事実上の皇帝位継承者とされたマルクスに対して、ローマ市の中心部、パラティヌスの丘にある宮殿、ティベリウス宮に移るように指示した。ハドリアヌス帝に可愛がられ宮廷に近い環境で育ったマルクスであったが、本格的に宮廷内で暮らすことになったのである。

一四〇年、マルクスはアントニヌス帝とともに、この年の正規執政官となった。まだ一八歳であり、一般の元老院議員の子弟であれば最初の公職経歴を始めることすらない年齢で国家の最高公職に就任したのである。一四五年には、やはりアントニヌス帝とともに二回目の正規執政官となった。養父である皇帝のそば近くで国家統治を学び、帝を助ける仕事もし始めたと思われる。マルクス自身が元老院の集まりなど様々な機会に演説することも増えたであろう。こうした公務などをこなすための知識・能力を、若きマルクスはどのように獲得していったのであろうか。この章では、彼が受けた教育の過程を眺めつつ、大帝国の統治者の地位に即く前の彼の歩みを見ていこう。最初に、ローマ人の社会においてなされていた教育のあり方を簡単に説明しておきたい。

ローマ国家は、教育には原則として関与しなかった。法律で教育のあり方を規定することもしなかった。教育はあくまでも個人または家族の問題だったのである。そして、共和政時代の初期までは、男子の教育は父親の役目と見なされていた。しかし、ローマが帝国化した前二世紀までに、こうした父親の役割は「教師」が果たすようになった。すでに第一章で述べたように、前二世紀にはローマへのギリシア文化の流入が著しく、ストア派の哲学などもその過程で受容されていったのであるが、ローマの教育システムもギリシア人のそれに倣うようになり、父親の教育と見習い修行から教師による指導へと、教育の体制が整えられていった。

帝政期になると、ローマ帝国内のほとんどの都市で読み書き算術の初等教育を行う教師が活動しており、ローマ市民の家庭の子供は七歳くらいになると教師による教育を受けた。読み書き算術の段階を終えると、一一歳くらいから有産市民の子供は「中等教育」課程と位置づけてよい「文法教師」による教育の段階に進んだ。この課程で、子供たちはいわゆる文法だけでなく、発音や韻律などに加え、文学作品や歴史を素材とする勉強もした。重視されたのは詩文であり、詩を評価する能力を身につけるように教育された。ラテン語は法律など実用的な分野で用いられることに重きが置かれた言語であったが、ギリシア文化の影響を受けた結果、文学言語としても次第に豊かになり、前一世紀末から後一世紀初頭にかけて多くの詩人が優れた作品を発表する、ラテン文学の黄金時代が到来した。なお、世界史的に注目できることであるが、この文法教師による中等教育の段階までは、男子のみでなく富裕な家庭の女子も教育を受けていた。

一〇代の中頃を過ぎてさらに勉強を続ける男子が学んだのが、修辞学である。今日「修辞学」と聞いてもあまりピンとこないかもしれないが、美しく巧みに語り書く能力を身につけさせる修辞学の教育は、政治・軍事・法廷で弁論が大きな役割を果たしていたローマ社会では、ローマ人男性にとって重大な価値を持つ、文字通りの実学であった。修辞学は「修辞学教師」(レートル)によって教授された。そもそもローマ人の社会では、共和政時代の中期までは弁論は有力者に付き従い見習いをすることで習得する術だったが、ギリシアの修辞学がローマに受容され、前一世紀にはラテン語の修辞学を教える学校も開かれるようになり、帝政期にはギリシア語とラテン語両方の修辞学が教師によって教えられることになったのである。

ローマ皇帝が政治を主導する時代になると、共和政時代のように弁論が政治の大局を変えるような威力を持つことはなくなったが、それでも政治に関わる者に弁論は重要であり続け、軍指揮でも法廷でも弁論の力は大きな意義を有した。加えて、支配階層の人々の間の交際にも修辞学は力を発揮した。帝政期のローマ社会では、支配階層の間で、手紙のやりとりから自作の文学作品の発表、そのための朗読会の開催まで、修辞学の知識を基にした活動が盛んになされていた。要するに、修辞学は支配階層の人々にとって、エリートであるための社会規範として機能したのである。

以上が帝政期の上層ローマ市民男性の受けた教育の大枠である。富裕なローマ市民の家庭では、乳母にギリシア人を雇うなどして、子供のうちから文学言語であるギリシア語を習うように取り計らうことが多かった。このこともあり、ローマ帝国の都市社会では、文法教師による教育も修辞学の教育もラテン語とギリシア語の両方でなされていた。

マルクスの受けた教育

マルクスも他の上層ローマ市民男性と同じように、読み書き算術の初等教育、文法教師による中等教育、そして修辞学教師による高等教育の三段階をこなした。ただし、注意が必要なのは、教育を受けた場所である。現代社会では教育は「学校」でなされることが一般的であるが、それは近代後期以降の現象であり、上層階層の人々の間では「家」での教育が重視された時代が長かった。ローマ社会でも、上層市民、とくに富裕な元老院議員の家庭では、教師を自邸に招いて行う教育がしばしばなされた。先述したが、『自省録』第一巻でマルクス自身が述べているように、彼は曽祖父カティリウス・セウェルスの計らいで、公の学校に通わず、自邸に教師を招いて指導を受けたのである。

もっとも、『ローマ皇帝群像』「マルクス伝」は、「マルクスは、修辞学者の開いている公の学校にも通った」と述べている。また、同じ皇帝伝記集の「アントニヌス・ピウス伝」によると、アントニヌス帝がマルクスを教育するためにギリシアのカルキスから哲学者アポロニウスを首都ローマに召し出し、宮殿に来るように指示したが、哲学者は「先生が生徒のところへ来るべきではない。生徒の方が先生のところへ来るものだ」と答えた。アントニヌス帝はそれを聞いて、「アポロニウスには、〈ローマ市内の〉自分の家から私の宮殿に来るよりも、カルキスからローマへ来ることの方がより楽なようだ」と笑いながら言ったという。「マルクス伝」にも「マルクスは、皇帝家の一員になったにもかかわらずアポロニウスの屋敷まで勉強するためにやって来るほど、哲学に熱心であった」とあり、「学校」であったかどうかはともかく、マルクスが教師のもとに通ったこともあったようである。

ところで、同じ「マルクス伝」によると、彼は「乳母に育てられる年齢を過ぎるとすぐに、優れた教師たちに委ねられ、そして哲学に精通するに至った」という。子供が受ける最初の教育、初歩的な読み書きは、その能力のある養育役の家内奴隷や解放奴隷などが教えた。最上層のローマ市民家庭に生まれたマルクスは、ラテン語だけでなくギリシア語についても幼い頃から教えられた。「マルクス伝」は彼の受けた初等教育について、読み書きの教師エウポリオ、喜劇役者ゲミヌス、音楽家アンドロに学んだとしており、アンドロからは幾何学も学んだとしている。喜劇役者はラテン語の初歩だけでなく発音や発声法も教えたと推測され、音楽家も歌唱を教えたであろうが、これらは一般には中等教育段階で学ぶ内容であった。

一方、『自省録』において、マルクス自身は次のように述べている。

「家庭教師からは、緑党にも青党にも与せず、短楯組にも長楯組にも味方しなかったこと〈を学んだことに感謝する〉。また労苦に耐え、寡欲であること。自分のことをやって、余計なおせっかいをせぬこと。中傷に耳をかさぬこと〈も教えられた〉。」(第一巻五)

引用した神谷訳の「家庭教師」は、原典のギリシア語では「トロペウス」であり、「養い育てる」「世話をする」者の意である。当時一般に子供の世話に加えて初等教育も行う使用人を意味する言葉は、「パエダゴグス」(ギリシア語ではパイダゴゴス)であるが、ここのトロペウスも同じ意味で、主人の子を養育する役の人と考えてよいだろう。名前が記されていない(記されていたかもしれない。伝承の過程で写本から脱落した可能性がある)そのトロペウスの人物から、マルクスは生き方の基本を教えられたと書いているのである。

当時、ローマ人の人気の娯楽に戦車競走と剣闘士競技があった。二頭立てないし四頭立ての戦闘用馬車を競走させる戦車競走には、出場する馬車の御者にチームがあって、帝政期には緑組や青組などの名前が付いており、それぞれのチームに熱心なファン、いわばサポーターがいた。また、剣闘士競技は、訓練を受けた闘士が真剣を用いて殺し合いをする様子を観戦する見世物であったが、闘士の戦い方の流儀や武具に特徴があり、槍を使う者、網を使う者、小さな楯を持つ闘士、大楯を使う闘士などがいて、必ず異なる流儀の闘士と戦った。マルクスの養育役は、そうした馬車のチームや特定の剣闘士を贔屓して見世物にのめり込むようなことがないように、彼を諭して育てたのである。

『自省録』で謝辞を捧げている教師について、マルクスは教わった教科の内容について言及することは少なく、むしろ人の行動としてふさわしい対応や態度、望ましい生き方などを教えられたことに感謝している。マルクスと教師との深い信頼関係が推測されよう。『ローマ皇帝群像』「アントニヌス・ピウス伝」の次のエピソードは、アントニヌス帝の慈愛を示す美談であるものの、マルクスの青少年時代の様子を思わせるものである。

「マルクスが、育ててくれた師の死を悲しんで泣いていて、廷臣たちからこのような愛情を見せたことで呼び出され「慎むよう言われ」た時、アントニヌスは次のように言った。『マルクスに人間らしく振る舞うことを許してやりなさい。哲学によっても、帝権でも、自然な感情を取り上げることはできない』。」

2　修辞学から哲学へ

文法と修辞学を学ぶ

「マルクス伝」によれば、マルクスはギリシア語の文法を、ギリシア人で小アジアの町コティアイオン出のアレクサンドロスから学んだ。彼は、ギリシアの古典ホメロスの学者として有名な人物であり、当時著名なギリシア語弁論家（ソフィスト）のアエリウス・アリスティデスの師でもあった。ラテン語の文法はプロクルスとアペルから習ったと伝記史料は伝えるが、プロクルスは元老院議員で属州総督も務めた人物である。

さらに、マルクスはギリシア語の修辞学を三人の師から学んだと「マルクス伝」は伝えるが、その中で確実でかつ有名な教師はヘロデス・アッティクス（一〇一年頃〜一七七年）である。アテネ出のヘロデスは弁論家として活躍し、二世紀のギリシア世界を風靡した文芸思潮である「第二次ソフィスト運動」（後述）の中心人物であった。しかし、それ以上に、彼は両親から莫大な財を相続した大富豪として著名であった。現在もアクロポリスの麓に残る音楽堂（オデイオン）を建て、ペンテリコン山（アテネの北東）の石切場が枯渇するほど大量の大理石を使って競技場（スタディオン）を建造するなどしている。父に倣ってギリシア本土の人物には珍しくローマの元老院議員となり、一四三年には執政官職に就任した。ハドリアヌス帝以降のローマ皇帝と交流し、小アジア属州での水源確保のために私財を投じて皇帝の土木工事を支援したこともあった。

ところが、これほど重要な人物について、マルクスは『自省録』に謝辞を捧げていない。ハドリアヌスと扱いが似ているのである。ヘロデスの生涯はピロストラトス『ソフィスト列伝』の第二巻に詳しいが、実はこのヘロデス、妻を殺したと訴えられるなど、問題の多い人物であった。アテネの公職に就き公共建築物建設など地元アテネに貢献したものの、市民と仲が悪くなり、ギリシア都市を監督するために派遣されていたクィンティリウス兄弟へ政敵によって密告され、兄弟がこれを皇帝のマルクスに報告すると、ヘロデスは兄弟が共謀して民衆と自分を対立させたとして告訴した。裁判はマルコマンニ戦争の陣頭指揮のためにドナウ河畔に布陣していたマルクスの陣営に持ち込まれ、マルクスの配慮で解決したのである。

図 3-1　ヘロデス・アッティクスの音楽堂

ラテン語の修辞学の教師としては、今日マルクスとの往復書簡も残るコルネリウス・フロントが有名である。北アフリカの属州ヌミディアのキルタ市の出身で、修辞学者、弁論家として高名な人物である。アッティクスと同様、元老院議員となり、同じ一四三年に執政官職に就いている。このフロントにはマルクスが『自省録』で謝辞を捧げているが、それは次のような文章である。

「フロントからは、暴君の嫉妬と巧智と虚偽とはどんなものかを観察したこと〈を感謝する〉。また一般に我々の間で貴族と呼ばれている人たちは、多かれ少なかれ親身の愛情の欠けていることを観察したこと〈を感謝する〉。」（第一巻一一）

修辞学には関係のないことばかりである。また、後半部分は理解が難しい。神谷訳の「貴族」は原典ギリシア語では「エウパトリダイ」であり、ラテン語で相当するのは「パトリキ」、つまりマルクスの家系のような貴顕貴族のことである。フロントはマルクスの義弟ルキウスに宛てた手紙で、この「親身の愛情」（鈴木照雄氏の訳では「自然の愛情」、水地宗明氏の訳では「自然的愛情」）はローマでは見いだすことが甚だしく困難と書いている。フロントがマルクスやルキウスに何を伝えようとしたのか明確ではないが、先のような謝辞を捧げているところに、フロントがマルクスの心に与えた影響の深さを推察できよう。ただ、その書簡集から知られているように、フロントは哲学に好意的でなかった。そのために、マルクスはフロントを大事に思いながらも、修辞学の世界からは出て行ってしまったのである。

修辞学から哲学へ

以上に見たように、マルクスは当時最高の教師たちから教育を受けたが、それと並行して哲学の勉強に励んだ。その始まりを、マルクスに関する伝記的研究書の中で、バーリー教授は中等教育段階に入る前の一一歳頃に比定している。『ローマ皇帝群像』の「マルクス伝」は次のように記述する。

「彼は、少年時代から実に激しい情熱をもって哲学を学んだ。すなわち、一二歳の時には哲学者の服装をし、続いて哲学者のする忍耐の生活を取り入れた。ギリシア風の粗末な外套一枚を着て学び、また地面に寝るようにしたのである。しかし、母の懇願で、かろうじて皮革を張った長椅子で眠ることをしぶしぶ承諾した。」

『自省録』第一巻で、マルクスはディオグネトスという人物から「藁床や毛皮やその他すべてギリシア式鍛錬法にかなうものを好んだこと〈を感謝する〉。」(六)と述べており、この人物がこうした修行のような生活の仕方を教えたと思われる(「マルクス伝」では、ディオゲネトゥスなる者が絵の教師として言及される)。

早くから哲学の勉強と鍛錬を始めたマルクスには、その後多くの人物が師となって彼を教えた。その中には、先に触れたアポロニウスのように、アントニヌス帝がマルクスのために宮廷に招いた哲学者もいた。

マルクスの哲学の師となった人物のほとんどは、ストア派に属していた。『自省録』にやや長い謝辞が書かれているルスティクス、アポロニウス、セクストゥス、セウェルス、そしてマクシムスのうち、セウェルスのみがペリパトス派に属し、他の教師はストア派であった。しかし、その謝辞をみると、いわゆる哲学的な内容に関して受けた教示ではなく、哲学の教説を背景にしながらも、やはり人としての生き方に関する教えに感謝している。例えば、「アポロニオス《ママ》からは、独立心を持つことと絶対に僥倖をたのまぬこと。たとえ一瞬間でも、理性以外の何ものにもたよらぬこと。ひどい苦しみの中にも、子を失ったときにも、長い患いの間にも、つねに同じであること。〈以上を教えられた〉。」(第一巻八)などである。

ところで、ルスティクスへの謝辞には次のように書いている。

「ルスティクスからは、自分の性質を匡正し訓練する必要のあるのを自覚したこと。詭弁術《ソピスティケー》に熱中して横道にそれぬこと。理論的な題目に関する論文を書かぬこと。けちなお説教をしたり、道に精進する人間、善行にはげむ人間として人の眼をみはらせるようなポーズをとらぬこと。修辞学《レートリケー》や詩や美辞麗句をしりぞけること。……(中略)……手紙を簡単に書くこと……(中略)……〈を学んだ〉。」(第一巻七)

ここで否定的に扱われている事項は、そのほとんどが修辞学に関わるものである。同じ『自省録』第一巻の最後、神々への感謝と自分の幸運を語る際にも「修辞学や詩学やその他の勉強においてあまり進歩しなかったこと〈を感謝する〉。もしこれらにおいて自分が着々と進境を示していると感じたなら、私はおそらくそれに没頭してしまったことであろう。」(一七)としている。修辞学はその価値を否定されているかのごとくである。

マルクスは哲学に熱心になると同時に、修辞学の学びから遠ざかっていった。ヘロデス・アッティクス、フロントといった最高級の教師に指導されながらも、彼は修辞学に熱意を持たなかった。マルクスの青年期は、修辞学がローマ帝国で栄えた「第二次ソフィスト運動」の時期である。ギリシア語の世界では古いアッティカ方言の擬古文が流行し、有名な弁論家が都市の使節として首都ローマにやって来ては見事な演説を披露していた。その時代にマルクスは修辞学を離れた。このマルクスの離脱は、ルスティクスの指導や哲学への憧れのためと理解することはたやすい。しかし、もう少し深く背景を推し量ってみよう。

ギリシア文化を受け入れたローマでは、ギリシア語による修辞学の教育に学んで、ラテン語による修辞学も発展し、とくに共和政末期のキケロと一世紀のクィンティリアヌスの活躍で、単に美しく巧みに語り書く技術としての修辞学ではなく、自由学科の一般教育を習得した「教養ある弁論家」を育成する修辞学教育という理念が唱えられた。しかし、この教育目標は達成されなかったといってよいだろう。皇帝政治の時代に政治弁論の比重は低下し、政治支配層の社会規範、交際の術としての修辞学の意義が大きくなると、その学問は形式を重視するようになり、弁論の技術的向上のほうに力が注がれるようになったのである。

弁論を学ぶ学校での「練習演説」も変わってしまった。「練習演説」には二つの型がある。一つは歴史をテーマとして、出来事の経過をどのように正当化するかを論ずる「説得」(スアソリア)と呼ばれるもの、もう一つは法的な問題の判断、賛成か反対かを論じる「論争」(コントロウェルシア)である。前者は、共和政時代末期の政治家スラは自ら独裁官の地位から退いたがそれは正しかったのか、といったような課題である。ところが、練習演説のテーマは、帝国の政治とその歴史を背景にした実践的な素材から、現実離れした仮想の事件を扱うものへと次第に変質してしまった。実際には起こりえないような事件を想定して、弁舌の技術だけを競うようになったのである。修辞学が学問化、専門化したといえるかもしれないが、人格形成に関わる学びという重大な目的と価値を喪失した。厳しい環境の中で、人間がよく生きるためにはどのように行動すべきかを考えようとしていたマルクスにとって、修辞学はその学びの要求に応えられなかった。こうした点がマルクスの修辞学からの離脱の背景にあったのではと推察される。

あまねく学問というものは、形式にこだわり、現実世界との接点を失って過度に専門化、職業化すれば、石化する恐れがある。哲学もまた修辞学と同じ道をたどる恐れがあった。マルクスはそのこともおそらく察知していたであろう。

3　アントニヌス帝治世のマルクス

アントニヌス帝の統治

さて、教育の話題を離れて、皇帝位継承者に予定されてのちのマルクスの歩みを見ていこう。一三八年に五一歳で即位したアントニヌス帝は、トラヤヌス帝の対外遠征やハドリアヌス帝の帝国領巡察旅行のような行動はせず、その二三年に及ぶ治世の間、イタリアを出ることはなかった。このように書くと、アントニヌスが全く消極的な皇帝のように感じられるかもしれない。しかし、対外的に彼が何もしなかった訳では決してないし、内政面では注目できる政策や措置を行っている。

対外政策として代表的なものは、ブリテン島についての措置だろう。ハドリアヌス帝は、ブリテン島のローマ属州ブリタンニアに、北からの襲撃に備え、また属州への出入りを管理するために、イングランド北部で島を横断する防壁「ハドリアヌスの長城」を建造させたが、アントニヌスはそのさらに北に軍を送り、属州ブリタンニア総督のロリウス・ウルビクスに命じて、スコットランドの南部で島を東西に横切る「アントニヌスの長城」を造らせた。東のフォース湾のブリッジネスと西のクライド湾のオールド・キルパトリックを結ぶ線上に、長さ五九キロメートルにわたり壁が築かれた。石造だったハドリアヌスの長城とは異なり、芝土と木材で作られたものであった。この防壁は北からの襲撃で長くは維持されなかったが、二世紀中葉の一定の期間、ハドリアヌスの長城にかかる圧力を軽減した。

図3–2　皇帝アントニヌス・ピウスの彫像

ドナウ川沿いの帝国領辺境地帯でも、属州の北に居住するクァディ族に新しい王の即位を承認し、トラヤヌス帝が設置したドナウ川の北の属州ダキアでの騒ぎには軍を派遣して鎮圧した。さらに東の南ロシア地方に居住するアラニ人が小アジアのローマ領に侵攻したが、これも抑えている。帝国領内でも、エジプトで生じた反乱事件や北アフリカの属州マウレタニア・ティンギタナでマウリ人が起こした反乱を鎮めた。

アントニヌス帝はさらに、帝国領の周囲に住む部族、とくに黒海周辺に居住するヒベリ人とラジ人に対してローマの威信を示す措置を行い、アルシャク朝パルティア王国に対しては「書簡を送るだけで」隣接するアルメニア人に対する攻撃を思いとどまらせた、と伝記史料は伝える。帝はイタリアにいながらも、帝国領内外の秩序の維持に成功したといってよいだろう。

皇帝を困らせる問題は人為的なものだけではなかった。アントニヌスの治世にギリシアや小アジアを二度の大地震が襲った。最初は治世初期の一四二年ないし一四三年のことで、ロドス島やコス島、小アジアのカリア地方のストラトニケイア、リュキア地方、さらにアカエアでも大きな被害が出た。二度目の大地震はミュティレネ、ビテュニア、レスボス、スミュルナ、エペソス、そしてシリア東部の隊商都市ドゥラ・エウロポスまで被害を出した。『ローマ皇帝群像』「アントニヌス・ピウス伝」は「ロドス島とアシアの町々を大地震が破壊したが、しかし彼はそれらをすべて驚くほどすばらしく復興させたのである」と記している。

首都ローマではティベル川の氾濫、一一一二人の犠牲者が出たとされる競技場の倒壊、三四〇の共同住宅や個人の邸宅が灰になった火災があり、南フランスのナルボ(現ナルボンヌ)やシリアのアンティオキア、北アフリカのカルタゴでも火災があった。皇帝が救助・支援する事態はひっきりなしに生じたと思われる。

アントニヌスは「全属州の収支計画と実際の税収を非常によく知っていた」と伝記史料は伝える。そして、徴税をする者たちの苛斂誅求《かれんちゅうきゅう》を諫め、税負担者の不満に耳を傾けたという。首都の民衆には贈与を施し、兵士たちにも賜金を与えた。それだけでなく、皇后の大ファウスティナが没した後、彼女の名誉のためにアリメンタ基金「ファウスティナの娘たち」を創設している。アリメンタとは、トラヤヌス帝が実質的に開始した、イタリアの貧しい市民の子供たちのための養育制度である。首都ローマでは穀物の無料配給の対象者に子供を加え、イタリアの地方都市では大土地所有者に皇帝の金庫から土地を担保に融資をし、土地所有者からの返済分の利子を貧しい子供たちの養育費として配るという仕組みである。アントニヌスが創設した制度は、女子の養育のためのものであった。

アントニヌスがイタリアを出なかったのは、皇帝の旅行の随行団が属州の人々にとって負担になると彼が考えてのことだった、と伝記史料は記している。皇帝は一般に建築物を作りたがるが、アントニヌスは新しい建造物よりも古い建造物の再建や修復に力を入れたようである。

政策を決めるにあたり、彼は前もって必ず「友臣たち」(アミキ)に相談した。友臣とは皇帝の顧問会に招集される人々である。皇帝顧問会は初代皇帝アウグストゥスの時代より知られ、皇帝が政策決定過程で意見を聞いたのである。アントニヌスの先帝ハドリアヌスは、法学者から成る顧問会も設けている。アントニヌスは独断専行せず、人事もおおむね穏やかで、優秀な者には長くその職務を続けさせた。皇帝の最側近である近衛隊の長官の一人ガウィウス・マクシムスは、二〇年ほどその任にあった。

皇帝に元老院議員らを讒訴して大逆罪で滅ぼしてしまい没収財産を手に入れようとする「告発者」は、皇帝政治の最も陰湿な存在であるが、アントニヌスの治世には消滅した。元老院に対して、「即位する前に彼が他の皇帝から受けたいと思ったのと同じだけの尊敬を、皇帝として示した」と伝記史料は記している。アントニヌスは皇帝として終始謙虚であった。国家最高の栄誉称号といってよい「国父」は、最初辞退し、のち丁寧な感謝の言葉を述べてそれを受けた。元老院がセプテムベル(第九番目の月)とオクトベル(第一〇番目の月)をそれぞれ皇帝夫妻の名アントニヌスとファウスティナで呼ばれるように決議したとき、アントニヌスはこれを拒否したという。皇帝と元老院議員との関係は良好であり、皇帝政治の一番の課題に何の問題もなかったのである。

図3-3　皇帝アントニヌス・ピウスと皇后大ファウスティナの神殿の遺跡

アントニヌス帝が属州内外で軍を動かす指示を出し外交を展開する様子、内政面での細々とした措置まで行う経過を、マルクスはすぐそばで見ていたであろう。先述したように、アントニヌスの人事はおおむね穏やかであったが、ブリテン島の新たな措置のためには、ロリウス・ウルビクスを属州総督に登用した。ウルビクスは北アフリカ属州の騎士身分の出で、家系で初めて元老院議員となった人物だが、ブリテン島の総督という重職に取り立てたのである。ハドリアヌス帝治世末期のユダヤ反乱鎮圧時にローマ軍の総大将であり属州ブリタンニア総督も務めたユリウス・セウェルスが、ユダヤ反乱鎮圧で活躍しその後執政官となり属州総督も務めたウルビクスを推挙したかもしれないとバーリー教授は推測しているが、新興家系出の有能な人材ウルビクスを登用するアントニヌスの姿勢をマルクスが学んだことは、後の彼自身の人材登用策から明らかである。

マルクスが皇帝の措置や判断を見て深く学び、皇帝に篤い尊敬の念を抱いたことは、『自省録』の第一巻の養父への謝辞から十分伝わってくる。自分の振る舞いの指針を与えられたと感じたであろう。第六巻三〇には「あらゆることにおいてアントニヌスの弟子として振舞え」と書いているのである。マルクスの生き方に関する考えは、アントニヌスの治世に形成されたとみてよいだろう。

アントニヌス帝の死とマルクス

一四五年、皇帝とともに二度目の正規執政官に就任したマルクスは、おそらく晩春、婚約していた皇帝の娘ファウスティナと結婚した。マルクス二四歳、ファウスティナはおそらく一五歳であった。これにより、皇帝の娘の産んだ子がマルクスの帝位継承の対抗者になる恐れはなくなったのである。マルクスが修辞学から哲学に本格的に向かったのは、この結婚の少し後と推察される。

一四七年にはマルクスに「護民官職権」が与えられた。護民官は、前五世紀に貴族の強権か

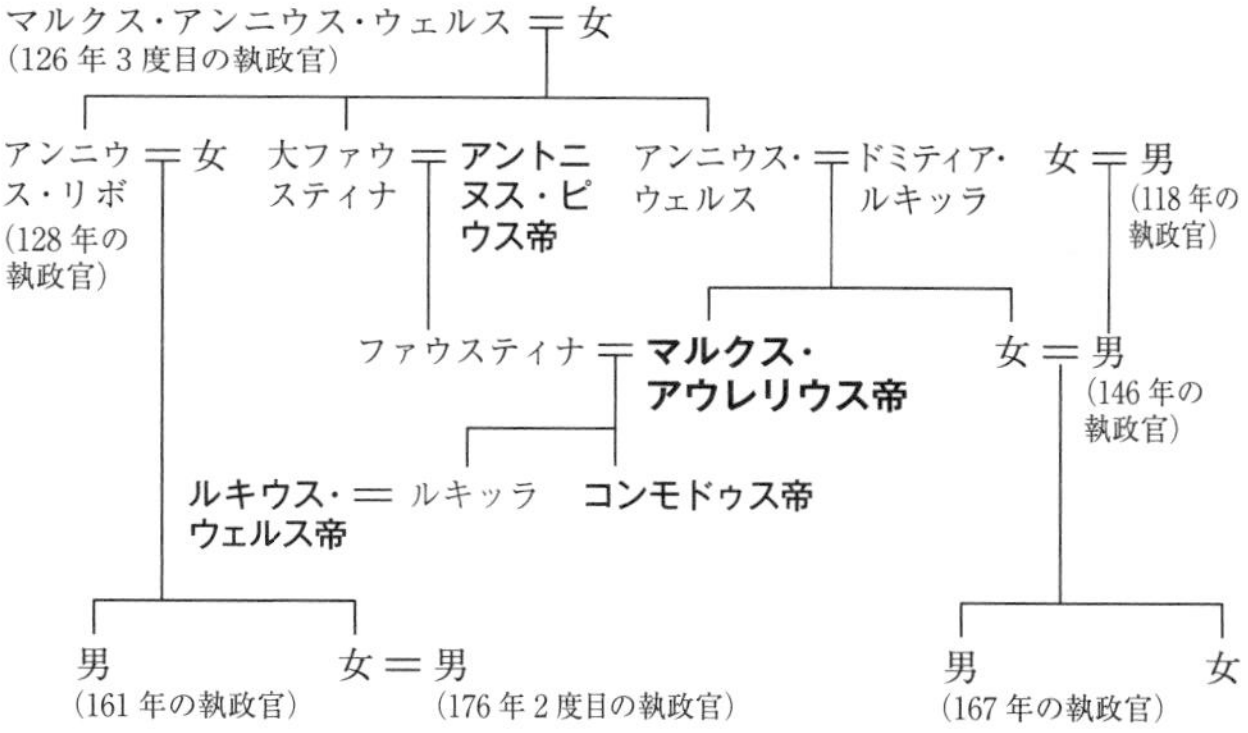

図 3-4 家系図「アントニヌス帝・ルキウス帝とマルクス」

ら平民を守る国法の外の役職として誕生し、貴族と平民の対立・抗争の時代に重要な役割をなしたが、その「身分闘争」が終わると国法の内に取り込まれ、ローマ国家の公職の一つとなった。皇帝政治成立後、護民官の職そのものは下級公職であった。しかし、護民官にはその成立起源から生じた宗教的な「神聖不可侵性」や公職者に対する「拒否権」が残っており、皇帝がこの職に就かなくても保持する「職権」となって大きな意義を有した。この職権を帯びることが、「執政官相当命令権」「執政官職権」の保持とともに皇帝たる資格となっていたといってよかろう。マルクスはこの年初めて、その職権を保持することになったのである。その翌年、翌々年もこの職権を与えられている。

一四七年になると、妻のファウスティナにも、「皇帝妃」にあたる「アウグスタ」の称号が贈られている。同じ年、マルクス、ファウスティナ夫妻には最初の子供が誕生した。翌一四八年、アントニヌスは統治の一〇年目、ローマは都市建設の九〇〇年記念を祝した。

アントニヌスは一四五年以降、自らが執政官になることはなかった。ハドリアヌスの指示によりアントニヌスの養子になっていたルキウスが、一五四年に執政官となった。二三歳ほどであり、一般の元老院議員に比べれば格段に早い就任だが、マルクスに比べれば遅かった。アントニヌス帝はマルクスとルキウスを、同じ養子といっても同等には扱っていなかったのである。

一六〇年を過ぎ、皇帝アントニヌスはすでに七〇歳をいくつも過ぎて、背が高く美男だった彼も背が曲がるようになっていた。一六一年の年頭にはマルクスと義弟のルキウスがそろって執政官となったが、その年、七四歳の皇帝は病を発した。病状が悪化すると、近衛隊の長官がいるところでマルクスに国家と娘(ファウスティナ)を委ねた。皇帝の寝室に置かれるのが習わしになっていた幸運の女神の黄金像をマルクスのところに移すように命じ、当番の兵士に合い言葉「平静」を与えると眠るがごとく死んだ。伝記史料がこのように皇帝の最期を伝えている。ハドリアヌスの死の時と違い、元老院議員たちは互いに張り合ってアントニヌスを神格化しようとしたとも書いている。帝位継承には何も問題は生じなかった。マルクスが皇帝となるときが来た。三九歳である。

第四章　パンデミックと戦争の時代

――皇帝としてのマルクス・アウレリウス

マルクス・アウレリウスの凱旋式の浮彫

他人が君を非難したり、憎んだり、これに類した感情を口に出したりするときには、彼らの魂へ向かって行き、その中にはいり込み、彼らがどんな人間であるか見よ。そうすれば彼らが君についてなんと思おうと気にする必要はないということが君にわかるだろう。しかし君は彼らにたいして善意を持たねばならない。なぜならば、自然は彼らを君の友として作ったのであり、神々も夢や託宣を通して彼らを助け、彼らの心にかかっているものを獲得することができるように計ってやるのである。

（第九巻二七）

1　統治の始まりとパルティア戦争

二人皇帝制の始まり

一六一年三月七日、マルクスはローマ皇帝となった。アントニヌス帝の下で準備や手続きがしっかりとなされていたから、即位への反対も混乱も生じなかった。元老院での即位の手続きが済むと皇帝は近衛兵舎に行って兵士たちに祝儀を与え、また亡きアントニヌス帝の葬儀をして、遺骸をハドリアヌス帝の墓廟(現在のローマ市テヴェレ河畔のサンタンジェロ城にあたる)に納めた。神格化されたアントニヌス帝の祭儀を行う聖職者団も編制した。

ただ、即位にあたり、マルクスは異例の措置を執った。ハドリアヌス帝の指示で彼自身と同じようにアントニヌスの養子とされたルキウスを、自分の共同統治者にしたのである。それまでも、皇帝が晩年に皇帝位継承候補者に皇帝の資格といってよい法的権限を与えるなどして、事実上共同統治者としていた例はあった。しかし、治世の冒頭から共同統治者を設けたことはなかった。初めての「二人皇帝制」が誕生したのである。

ルキウスは、アントニヌス帝治世後半の一五四年に執政官職に就き、この一六一年にもマルクスとともに正規執政官職に就いていた。しかし、アントニヌス帝は明らかにマルクスとルキウスを同等には扱っておらず、最期を迎えた時もマルクスのみに帝位を継承させたのである。従って、ルキウスを共同統治者にしたのはマルクスの判断だった。マルクスは、さらにルキウスを、当時一〇歳を少し過ぎた年齢の自分の娘ルキッラと婚約させた。義理の兄弟から義理の父子へと関係を深めようとしたのである。

マルクスはなぜこのような措置をしたのだろうか。彼にとって、実子の男子が無事成長すれば、その息子とルキウスやルキウスと皇女ルキッラとの間に生まれた男子が、皇帝位継承候補者として競合する恐れがあったから、この措置は奇異に見える。その理由としてこれまでしばしばいわれてきたのは、マルクスがハドリアヌス帝の意図を尊重してルキウスを共同統治者にしたということであった。しかし、すでに述べたように、マルクスは『自省録』でハドリアヌス帝に謝辞を捧げず、距離を取ろうとしている。ハドリアヌス帝の治世に良い記憶を持たないマルクスが、即位にあたってハドリアヌスの気持ちに配慮しただろうか。

この措置について、二つの理由が考えられる。その一つは、ハドリアヌス帝の気持ちの尊重ではなく、ハドリアヌス帝自身が養子縁組し後継者を決めたときと同じく、ルキウスに繋がるイタリア系の元老院貴族勢力に配慮しようとしたのではないか、ということ。もう一つは、妻との間に生まれた子供が次々夭折してしまい、将来帝位を継承させる男子がいるかどうかマル

図 4-1　皇帝ルキウス・ウェルスの彫像

クスが不安に感じていたからではないか、ということ。かつて初代皇帝アウグストゥスは、孫だけでなく他の親族も国家の重要な地位に就けた。このことを『年代記』で伝える歴史家タキトゥスは、アウグストゥスが「多くの後盾《うしろだて》で自分を守ろうとした」と皮肉っているが、彼が一族による権力の確保と彼の死後の政権安定を図ったことは十分に考え得る。この共同統治の措置については、『自省録』にもフロント『書簡集』の手紙にも書かれていないので、マルクスの意図は不明であり、先述の「理由」も推測の域を出ないが、マルクスが何らかの効果を期待していたことは間違いなかろう。

両皇帝即位の年に発行された貨幣には、「両皇帝の調和」の文字が刻まれている。ただ、マルクスが国家宗教の「最高神官」であったのに対して、ルキウスは単なる「神官」に留まるなど、年齢だけでなく権威の上でも明らかにマルクスの方が上位にあった。また、伝存する史料の書かれ方に従えば、ルキウスは統治者としての力量には恵まれていなかったように見える。しかし、彼は義兄であり義父ともなったマルクスに生涯従順であった。このことは、両人にとってもローマ国家にとっても幸いであったといえるだろう。

パルティアとの戦争

両皇帝の治世は穏やかに始まったが、その年の秋にローマ市内を流れるティベル川が氾濫し、『ローマ皇帝群像』「マルクス伝」は「彼らの統治下で最も被害の甚大なものであり、ローマ市中の多くの建物を破壊し、おびただしい数の動物たちをおぼれさせ、また大飢饉の原因をなした」と記している。そして、災害に対して両皇帝が現場に赴いて陣頭指揮し対処したと伝えている。この災害の発生に加えて、帝国の東部において深刻な事態が生じた。アルシャク朝パルティア王国が、ローマを宗主国と認めて従属国となっていたアルメニア王国に侵攻したのである。

古代のアルメニアは現在のアルメニア共和国と異なり、アナトリア高原とイラン高原の間に位置する広い地域であった。ヘレニズム時代、アルメニアはセレウコス朝の支配下にあったが、前二世紀前半、セレウコス朝がローマに敗北すると独立し、大きな国家に成長した。しかし、ローマの力が及ぶようになると、アルメニア王国はその従属国となった。さらに、前一世紀に入ってパルティア王国が西へと勢力を拡大すると、アルメニアはローマとパルティアとの係争の地となり、後一世紀中頃のネロ帝治世には両国家間で戦争が生じた。この時は講和がなされ、パルティアの王族がローマ皇帝によって王冠を与えられてアルメニア王となり、王国は引き続きローマの影響下に留まった。二世紀初めに再度問題が生じ、今度はトラヤヌス帝が遠征軍を起こして、アルメニアからさらにメソポタミアまで侵攻、パルティア王国の都の一つ、テーイフォーン(クテシフォン)を陥落させた。けれども、背後で反乱が生じ、結局トラヤヌス帝の征服地は次のハドリアヌス帝が放棄した。

アルメニアのすぐ西にはカッパドキアとシリアというローマの戦略上重要な属州があり、ローマの宗主下にあるアルメニア王国は、東の勢力から属州に直接圧力がかからぬための大事な緩衝地帯だった。そのアルメニアに、パルティアが侵攻したのである。パルティア王ウォロゲセス四世は親ローマのアルメニア王ソハエムスを追放して、アルシャク朝の親族のパコルスなる者を王に据えた。

この事変に対して、属州シリアの総督だったコルネリアヌスが軍を率いて対処したが、パルティア軍に敗北し、またアルメニアに隣接する属州カッパドキアの総督セダティウス・セウェリアヌスも、ユーフラテス川の源流に近いアルメニアのエレゲイアというところでパルティア軍に敗れた。同時代の風刺作家ルキアノスがその作品『偽預言者アレクサンドロス』の中で、このセウェリアヌスは偽預言者アレクサンドロスの「じきじきのお告げ」でアルメニアに侵攻するように促されて実行し、パルティアの将軍オスロエスによって殲滅されたと述べている

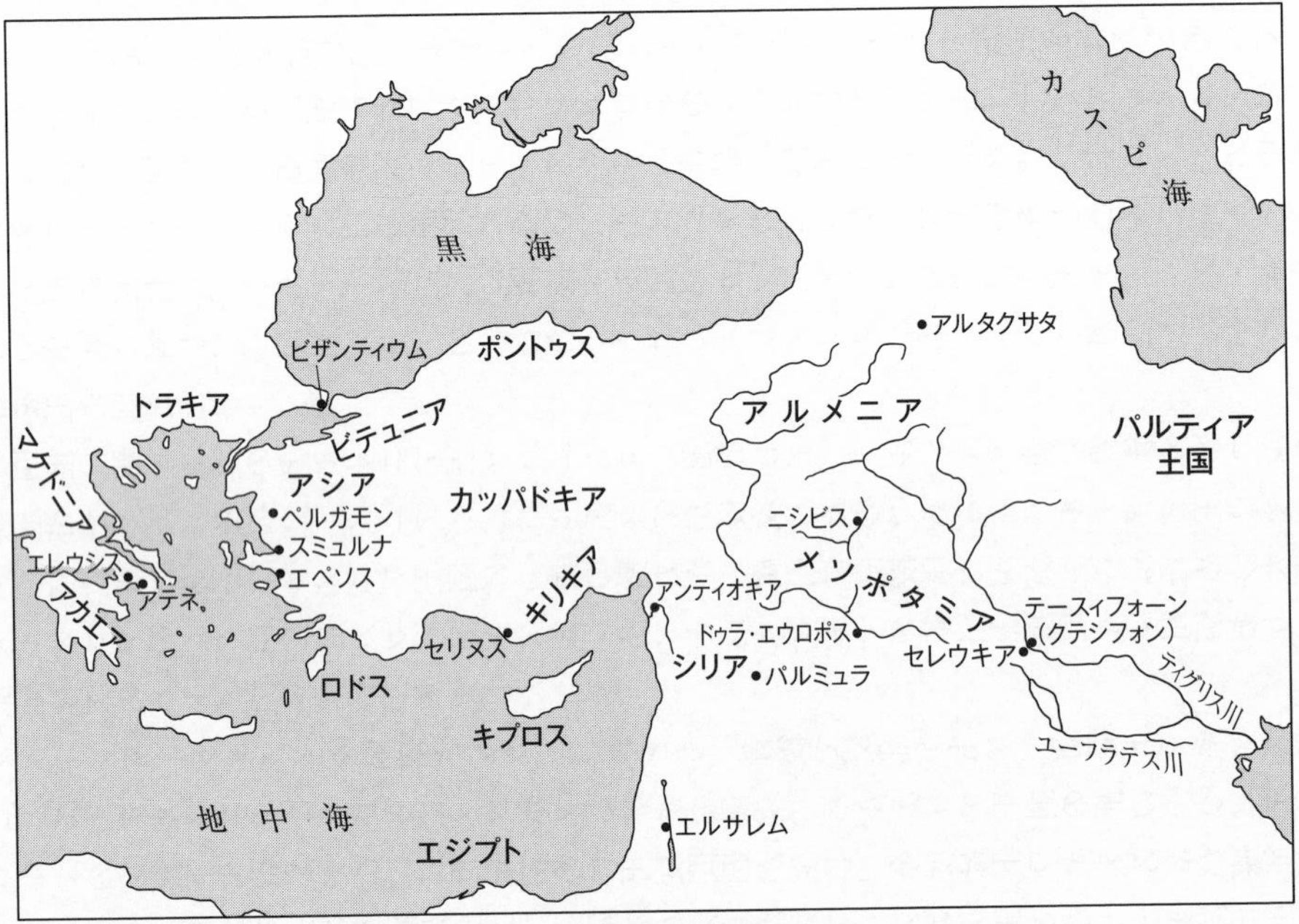

図 4-2　マルクス・アウレリウス治世のローマ帝国東部地域

（内田次信の訳に拠る）。

実は、アルメニアをめぐる状況は、アントニヌス帝治世の末期にすでに不穏だった。そして、新皇帝の治世開始とともに一気にローマの支配を揺るがす事態となったのである。パルティア軍はシリアやパレスティナ地方にまで侵攻した。ローマ軍の敗北や属州総督の死の報告を受けたマルクスは、治安を回復しローマの影響力を取り戻すため、共治帝のルキウスを派遣することに決めた。まだ統治が始まったばかりで、ティベル川の氾濫や属州外のゲルマニアに居住するカッティ族が侵入する事件も生じており、マルクス自身がローマ市を離れて東方に向かうことはできなかった。さりとて、アントニヌス帝時代のように、ただ将軍を派遣するだけで片付く案件ではないとも判断された。ルキウス帝派遣が皇帝の重みをローマ軍に与えられるよい方途と考えられたのだろう。

しかし、ルキウス帝は軍務に就いた経験がなかった。そもそもマルクスも軍務経験はなく、イタリアより外に出たこともなかった。皇帝を護衛する近衛隊以外の軍隊を見たことがない両皇帝には、このパルティアとの戦争は最初の大きな試練となったのである。

一六二年夏、マルクスはイタリア南部カンパニア地方のカプア市まで、出征するルキウス帝に同行した。彼を見送ってマルクスは首都に戻ったが、ルキウスがまもなく病気になったため、見舞うために再びイタリアの東南部まで急いだ。そして、ルキウスが回復して船で東方に向かうのを見送って、ようやくローマ市に戻った。

ルキウスは、ギリシアを経由して属州シリアまで来たが、属州の首都アンティオキア市に滞在し、また保養地ダプネを夏に、ラオディケイアを冬に訪れるだけで、幕僚に促されて仕方なくユーフラテス河畔へ短期出かけたこと以外には戦地に出たことはなかった。また、この遠征中の一六四年、ルキウスは婚約していたマルクスの娘ルキッラと結婚した。ルキッラは法定の結婚可能年齢を過ぎて一四歳になっており、マルクスはルキッラを、自分の親族とルキウスの親族とを随員として東方に送り出した。結婚の儀式は小アジア西岸のエペソスでなされ、ルキウスはそのためにシリアから出向いたのである。遠征軍の総大将がこのような状態であったが、パルティアとの戦いは、首都のマルクスからの指令に基づき、彼によって新しく任じられた属州総督や軍団司令官が強力に推進した。

2　パンデミックの襲来

パルティア戦争の終結

属州カッパドキアには、戦死した総督の後任としてスタティウス・プリスクスが赴任した。彼は、騎士身分将校としてハドリアヌス治世末期のユダヤでの戦争で活躍し、元老院議員に昇格して、アントニヌス帝治世末期の一五九年には正規執政官に就いた人物だった。軍務に優れた、たたき上げといってよい元老院議員である。プリスクス麾下のローマ軍は、一六三年、パルティア勢力を破ってアルメニアの首都アルタクサタを攻略した。そして、ローマ帝国属州との境に近い所に、「新しい都市」の意の「カイネ・ポリス」を首都として設置した。プリスクスは、追放された前王ソハエムスを復位させ、アルメニアを親ローマの国家に復さしめた。この勝利により、最高司令官たるマルクスとルキウスの両皇帝は「大将軍」（インペラトル）の歓呼を受け、「アルメニアクス」（アルメニアの征服者）の称号を得た。

ローマ軍の対パルティア戦争は、帝国東部諸属州の軍隊だけでなく、遠くライン川、ドナウ川の沿岸属州駐屯の軍隊からも三軍団が参加して進められた。とくに、一六三年より作戦に参加した将軍アウィディウス・カッシウスがめざましい戦果を上げた。カッシウスも先述の属州カッパドキア総督プリスクスと同じように、元老院議員家系の出ではない。シリアのキュロスの生まれで、家系は東方の王族の子孫といわれるものの、父親アウィディウス・ヘリオドルスはハドリアヌス帝時代に騎士身分の文書担当官職を、アントニヌス帝時代には属州エジプト総督を務めた人物だった。息子のカッシウスは昇格して元老院議員の公職を歩み、マルクスの治世の初期に執政官職に達した。そのカッシウスをマルクスは登用し、パルティア戦争のための軍指揮の任務を与えて、戦地に派遣したのである。

カッシウスの軍隊はシリアに侵入したパルティア軍を排除した後、パルティア王国領内へ進軍。ユーフラテス河畔の隊商都市ドゥラ・エウロポス付近の戦いでパルティア軍に勝利するとメソポタミアを南東へと進み、迎えられてティグリス河畔のセレウキア市に入った。そして、その対岸にある王都テースィフォーンを攻め、都市を攻略してパルティア王の夏の宮殿を焼いたのである。さらに、ローマ軍を迎えたセレウキアの町も、約条に背いて焼いてしまった。これについては、セレウキアの側が信義に反した行動をしたとローマの一史家は書いており、真相は不明である。

カッシウス軍の勝利によって、両皇帝には「パルティクス」(パルティアの征服者)、「メディクス」(メディアの征服者)の称号も追加された。一六五年の終わり頃までに戦争は実質的に終結し、アルメニアに対するローマの宗主権は回復された。メソポタミア地方におけるローマの勢力圏は戦争前に比して拡大し、パルティアに対する優位が勝ち取られたのであった。こうして、両皇帝にとって最初の外交上の難題は、無事解決された。進軍と勝利の功をあげたカッシウスは、一六六年から自身の出身地である属州シリアの総督となった。

疫病の大流行

ところが、まもなくローマ帝国は、戦勝の喜びが瞬く間に冷めるような状況に陥った。東方に遠征したローマ軍兵士たちが疫病にかかり、彼らの帰還とともに病気が帝国全土に広がったからである。ルキウス帝は一六六年にイタリアに帰還し、その年の秋、一〇月一二日に両皇帝は首都で凱旋式を挙行した。こうした外敵に対する勝利の凱旋式は半世紀ぶりで、ローマ帝国にとって一大祝賀行事であった。しかし、この頃すでに疫病はローマ市に到達し、死者が多く出始めていた。

この疫病は、一六五年のうちに小アジアの西岸にまで広がっていた。小アジア出身の有名な弁論家(ソフィスト)であるアエリウス・アリスティデスは、アントニヌス帝の御前でローマ帝国を称賛する『ローマ頌詞』を読んだことでローマ史研究者にはよく知られた人物だが、隠遁生活をしていた小アジア西岸のスミュルナの地でこの疫病に家族や隣人が罹患し、彼は大切な養子を亡くした。自身も罹ってしまったが、アスクレピオス神の夢のお告げにより知らされた食事法で治ることができた、と彼は記している。また、風刺作家ルキアノスは、先にも触れた作品『偽預言者アレクサンドロス』の中で、この預言者が疫病流行の時に「髪を刈らざるポイボスが、悪疫の雲を遠ざけておくであろう」という託宣をあらゆる国に送ったと述べている。ポイボスとは、医術の神としても知られるアポロン神の呼称である。この詩句が悪疫を防ぐまじないとして門口に書かれたが、この詩句を掲げていた家々こそ、一番住人を失うことになったと、ルキアノスは皮肉を書いている(内田次信の訳に拠る)。作品の性格に配慮する必要はあるが、話の背景にある帝国東部の諸都市の悲惨な状態が推測されよう。

疫病はローマ市に到達したのち、ライン、ドナウ両河沿岸諸属州やエジプトにも広がった。ローマ帝国は、完全にパンデミック（世界的規模での感染症の流行）状態となったのである。

この疫病流行に関して、『ローマ皇帝群像』「ルキウス伝」には次のように記されている。

「帰途に通過した諸属州に、そして最後には首都ローマにも、疫病を持って帰ったように思われたのは、彼［ウェルス］の不運であった。この疫病は、バビロニアで発生したが、そこにあったアポロンの神殿で一兵士が偶然開けた金の小箱から、疫病の瘴気が出たのだといわれている。この病気は、パルティア人の地に、そして全世界に広がった。」

「ルキウス伝」はこれに続けて、責められるべきはルキウスではなくカッシウスであり、彼がローマ軍を迎え入れたセレウキアの町を、信義に反して襲撃したからだと書き、ルキウスをかばっている。さらに、同じ皇帝伝記集のマルクスの伝記には、次のような記述がある。

「しかも［この頃］、疫病がたいへん流行し、死体は車や荷車で運び出さねばならぬような状態だった。この時、［マルクスとルキウスの］両アントニヌス［皇帝］は、［人々が］勝手に墓を建てないよう警戒して、埋葬と墓に関するきわめて冷厳な法律を定めた。この禁止条項は今日も効力をもっている。疫病によって実際何千という人々が死んだが、その中には有力者も多数含まれていた。［マルクス・］アントニヌスは、死亡した人々のうちの最も立派な人々のために像を建てたのであった。」

事態は、他人の墓を違法に盗用するのを皇帝たちが防がねばならないほど深刻であった。

ところで、学界ではこの病気について、腺ペスト、発疹チフス、天然痘など諸説が出されたが、今日では天然痘であったと理解されている。古代の文献で症状を記録しているのは、ただ一人、高名な医師ガレノスのみであり、その記事で天然痘と推定されたのである。

ガレノスは、「医学の祖」ギリシアのヒッポクラテスと並ぶ古代医学の巨人であり、その膨大な量の著作は西洋中世とイスラーム教圏に継承され、近代医学の基礎となっている。彼は、マルクスの統治が始まってまもなくの一六二年頃にローマ市に来た。首都でその力量は評判を呼んだが、疫病が流行し始めた一六六年夏、彼は郷里の小アジアのペルガモンに戻った。しかし、一六八年にはマルクスに呼ばれ北イタリアの都市アクィレイアに来て皇帝に面会し、この地で疫病の患者の治療にあたっている。一六九年にはマルクスの息子であるコンモドゥスの侍医のような地位に就き、その後も皇帝家の医療に関わった。死去したのは三世紀に入ってからで、現在の学界では没年は二一六年ないし二一七年とされている。

ガレノスの伝記的研究を著した歴史学者のスーザン・マターンに拠れば、彼はこの病気を「大疫病」「たいへん長い疫病」などの表現で呼び、特定の病名を述べていない。ガレノスが旧知の病気と区別するのは、その流行具合と被害の規模だけである。しかし、症状として、黒く潰瘍化した丘疹《きゅうしん》が全身に、また喉や気管、食道に潰瘍ができると記しており、マターンは「出血性天然痘の一種」とみている。

この疫病は、非常に伝染性が強かった。今日、天然痘は感染者の出す飛沫によって伝染することが知られており、古代でも病気の「伝染」の考えはあった。しかし、ガレノスは病気の伝染について話題にしておらず、また患者と接触し、じかに診察しているが、感染したとは書いていない。彼は、数百人もの患者を治療した。なぜガレノスが感染しなかったのか不思議に思われるが、それを知る手がかりはなさそうである。ただ、ガレノス自身は罹らなかったものの、彼は首都ローマで自分の奴隷のほとんどをこの病気により失っている。

疫病の大流行によって、ローマ帝国の総人口の一割、六〇〇万人ほどが死亡したと推測されている。近年の研究によれば、エジプトでは多くの死者が出て、生き延びた者も逃亡したため、一つの村全体が消滅したという例がある。様々な地域のデータから人口激減が推測され、イタリア半島での公共工事も減少したことが明らかにされている。このパンデミックは帝国社会にゆゆしい被害をもたらしたため、ローマ帝国の衰亡原因の一つに挙げる歴史家もいる。しかも、病気の流行は長く続いた。マルクスの治世の最後まで、そして後継者コンモドゥス帝の治世にも残ったのであった。

3　マルコマンニ戦争

マルコマンニ戦争の始まり

疫病流行が始まった頃、再び対外関係で問題が生じた。今度は、ドナウ川の北に居住する諸部族がローマ帝国属州に侵攻する事態となったのである。

一六六年の末か一六七年の初め、ランゴバルディ族とオビイ族の六〇〇〇人がドナウ川を渡ってローマ帝国属州のパンノニア(現在のハンガリー)に侵入した。『ローマ皇帝群像』「マルクス伝」によれば、パルティアとの戦争が終わるまで北の諸部族との戦争は外交努力で引き延ばされていたという。帝国の東方境界域での戦いのためにライン、ドナウ両河沿岸属州の駐屯軍からも兵士が派遣されていたから、ドナウ川沿岸の兵力が弱くなっていたことは間違いなく、そこを突かれないように対応が講じられていた訳である。この侵入は、ローマの騎兵部隊と歩兵部隊の手で完璧に撃退された。一六七年の五月頃、パンノニアの東部は平穏で、属州下部パンノニア総督ポンペイアヌス(後にマルクスの女婿となる人物)は兵士の一部を除隊させている。パンノニアの西部を統治する属州上部パンノニア総督の下には、マルコマンニ族の王バッロマリウス以下一一名の部族の首長が講和を願い出ている。しかし、一六七年の夏にはドナウ川の北

ローマ帝国の辺境地帯

ローマ帝国は2世紀の後半までに，現ドイツのケルン市の南からレーゲンスブルク市付近にかけて長大な防壁（リメス）を構築した（地図中の破線を参照）．ライン川とこのリメス，そしてドナウ川が帝国属州とその外側とを分ける境界域となり，軍隊が駐屯した．しかし，この境界域は近現代の国境線とは違い，平時では外部を厳しく排除するものではなく，ローマ軍の管轄下で内外の行き来がなされ，ローマ人の日常生活用品はこの境界域を越えてゲルマニアに行き渡った．このことは，ローマの対外政策や従属国家を考える上で重要である．

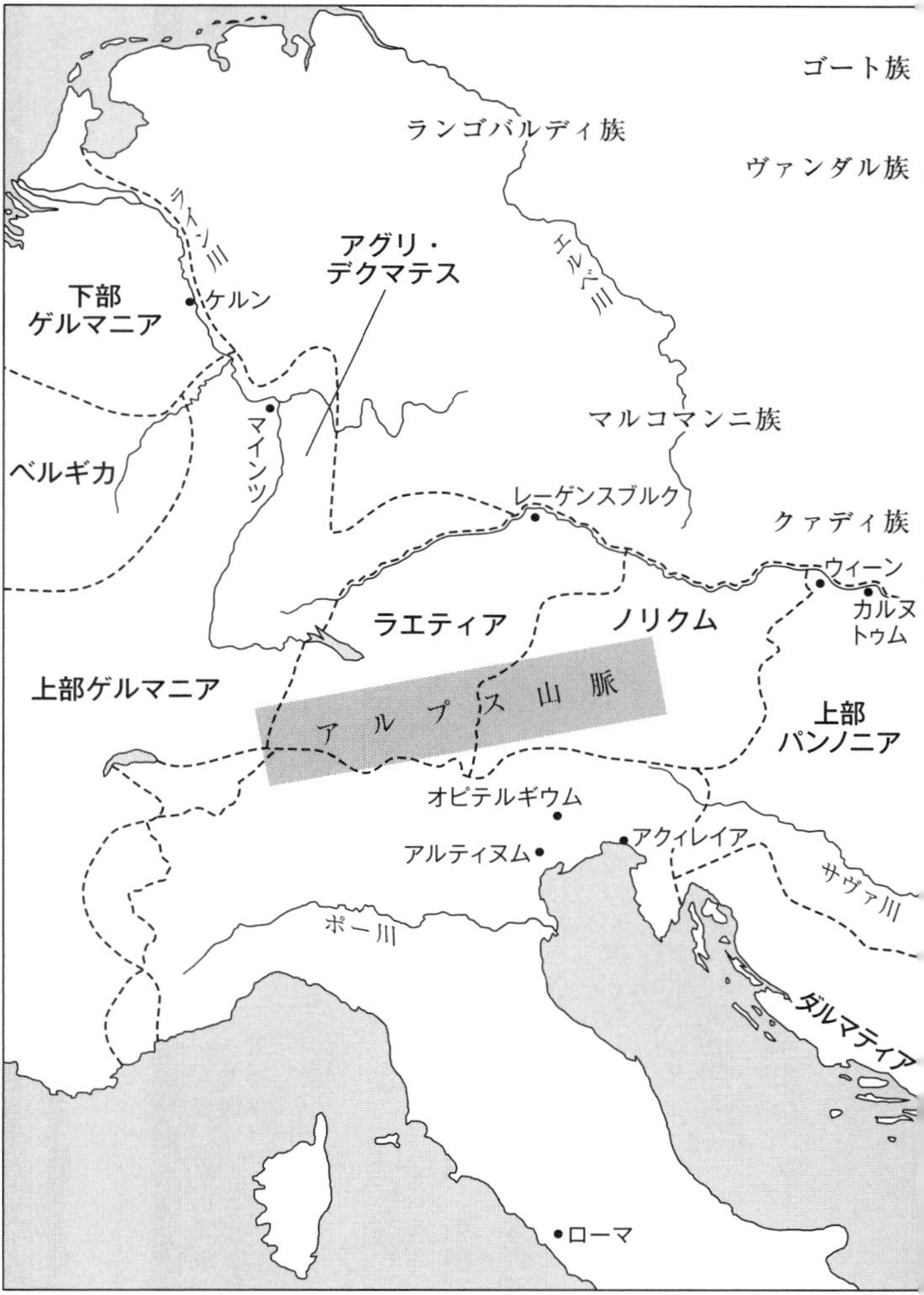

図 4–3　マルクス・アウレリウス治世のローマ帝国北方辺境地帯

に唯一置かれたローマ属州のダキアで、その西部にある金鉱地帯が襲撃を受け、二個の正規軍団が対応のために派遣された。

事態を重く見たマルクスは、今度は自らも出陣することに決め、ルキウス帝をともなって一六八年の春に首都を出発した。これが、彼の人生の最後まで続くことになる戦争対応の始まりである。ドナウ川の北の諸部族とローマ帝国との間で十数年にわたって戦われたこの戦争は、ローマ帝国の主要な敵となったマルコマンニ族の名にちなみ、古代から「マルコマンニ戦争」と呼ばれている。

マルクスは、ルキウス帝や戦争指導の力となる元老院議員たちを率いて北イタリアに向かい、都市アクィレイアに総司令部を置いた。しかし、侵入軍の征討に向かった部隊は敗れ指揮官の近衛長官が死亡したため、マルクスはさらに北の、現ウィーン市の東方に位置した軍事基地で、属州上部パンノニア総督司令部の所在地だったカルヌントゥムまで進んだ。

マルクスは、今後の防衛のため、イタリアとアルプス地域の前線守備の部隊を編制するなどし、一六八年から一六九年の冬をアクィレイアで越したが、この町は当時疫病流行で疲弊していた。マルクスはアクィレイアに招いた医師ガレノスに、皇帝家への奉仕を要請している。ガレノスはこの地で疫病に罹った病人を治療したが、寒さと疫病で多くの住民が死んだと記録している。

作戦の立て直しばかりでなく、寒さと疫病のため、ルキウス帝はマルクスに執拗に首都帰還を要望し、マルクスもこれを認めて、冬半ばの一月、両皇帝は帰還を始めた。ところが、出発の二日後、アルティヌムの町(現在のヴェネツィア近く)でルキウスは突然卒中に襲われ、死亡した。三八歳であった。

図 4-4　カルヌントゥムに残る円形闘技場跡. ここには大規模な剣闘士養成所も存在した.

首都ローマに戻ったマルクスは、すぐにルキウス帝の葬儀を行った。ルキウスは神格化されて「神君ウェルス」となり、その祭祀を行う神官団も組織された。さらに、マルクスは未亡人となった娘ルキッラを、その年の秋には再婚させた。二〇歳にもならない若さで夫を失ったルキッラは、皇帝の娘であるだけでなく、ルキウスとの結婚により自らも「皇帝妃」(アウグスタ)の肩書きを持っていた。ところが、この最高身分の女性の再婚相手として父マルクスが選んだのは、クラウディウス・ポンペイアヌスという武人であった。彼は、シリアのアンティオキア出身で、騎士身分の家柄の出であり、軍団指揮や属州統治で名を上げてきた。正確な生年は不明だが、ルキッラとは相当年齢差があったと推定される。この結婚に対して、母親である皇后ファウスティナもルキッラ当人も「ともに意に反する縁組と感じた」(『マルクス伝』)と伝えられている。ポンペイアヌスは、騎士身分の人物の息子であったが、自身は元老院議員としての経歴を重ね、マルコマンニ戦争ではマルクスの信任厚い幕僚として活躍し、一七三年には二回目の執政官職を「正規執政官」として務めている。年齢差と出身家系の格の違いがある結婚をマルクスがなぜ行ったのか、その意図はどこにも記録されていない。ただ、ポンペイアヌスとルキッラの間に男子が誕生しても、家柄を重んじるローマ政界にあっては、その子は父方の家柄のために有力な皇帝位継承候補者にはならないだろうと推測される。そうした配慮で、マルクスは娘の再婚をさせたかもしれない。

諸部族の大侵入

首都帰還の間、マルクスは戦争への対応のため、二つの措置を講じた。一つは、戦争遂行の財源を得るべく、皇帝家の財宝などを競売に付したことである。伝記史料は、マルクスが戦争で国庫を空にしたが属州に例外的な税を課すことを望まず、帝室の装飾品の競売会を開いたと記している。首都中心部のトラヤヌスの広場で開かれ、二ヶ月間も続いたこの競売会では、金や水晶などでできた杯や器、絹地に金で刺繍された皇后の衣装も売られた。

もう一つの措置は、兵士の確保である。伝記史料は、ポエニ戦争の時のように奴隷を徴兵し、剣闘士も武装させ、ダルマティアやダルダニアの追い剝ぎすらも兵隊としたと記している。ダルマティアとダルダニアはともに旧ユーゴスラビアにあたる地域で、古くから山賊で有名であった。ただ、徴募の規模は不明である。また、マルクスは第二イタリカ軍団と第三イタリカ軍団という新しい正規軍団を創設しているが、それらが直接マルコマンニ戦争に投入されたことはなかった。

こうした措置を執った上で、マルクスは一六九年秋、再び首都を出て北に向かった。一六九年から一七〇年の冬をマルクスがどこで過ごしたかは不明である。おそらく現在のセルビアのスレムスカ・ミトロヴィッツァにあたるシルミウムか、ベオグラードに相当するシンギドゥヌムだろうと推測される。ハンガリー低地では、ローマ軍と諸部族の戦闘が生じており、ローマ軍は苦しい戦いを強いられていた。

さらに、一七〇年になると、マルクスを驚愕させる事態が生じた。マルコマンニ族とクァディ族が同盟した部族とともに、ボヘミアやスロヴァキアから、琥珀を運ぶ交易の道「琥珀の道」を通りアルプスの山岳地帯を越えて、北イタリアへ押し寄せたのである。アクィレイア市は攻囲され、オピテルギウム市は破壊された。マルクスが組織しておいたイタリアとアルプスの前線を守る守備隊は機能しなかったことになる。

北イタリアだけでなく、ドナウ川沿岸部の帝国属州全体が危機状態に陥った。上・下両パンノニア属州やドナウ川河口に近い属州モエシア、そしてドナウ川北岸の属州ダキアの各地で攻撃があり、軍事経験豊かな属州総督クラウディウス・フロントが戦死している。住民は暴力と恐怖にさらされた。被害はさらにギリシア本土にも及んだ。コストボキ族がアッティカ地方に達し、アテネ自体は被害を免れたものの、近隣の太古からの聖域であるエレウシスの神殿が破壊された。コストボキ族は属州ダキアの北の住人であり、その人々がエーゲ海近くまで南下したのである。北イタリアへの侵攻といい、ギリシア本土への攻撃といい、長い間平和を享受してきた地中海周辺の住民には想定しなかった事態となり、恐怖以外の何ものでもなかっただろう。

同じ頃、北アフリカ西部のマウリ族(ムーア人)がジブラルタル海峡を渡ってイベリア半島に侵攻し、皇帝家発祥の地である属州バエティカを荒らし、元老院管轄で軍隊が駐屯しない平和な属州の住民を脅かす事件も生じた。こうした危機に直面し、帝国統治の最高責任者マルクスには、治安を回復して住民から恐怖を取り除くことが急務となった。

ローマ軍の反撃

マルクスは、イベリア半島の侵入者に対して、友人のウィクトリヌスを総督に任じて軍団を率いさせ、属州バエティカへの侵入者を排除させた。この作戦のために、マルクスは元老院管轄属州であったバエティカを皇帝管轄下に移したが、皇帝と元老院の属州管轄のバランスを取るため、属州サルディニアを元老院の管轄に変えている。元老院を尊び、協調関係を維持しようとするマルクスらしい配慮と評価できよう。

イベリア半島の事件は解決に向かったが、北からの諸部族の侵攻は容易に解決できなかった。一七〇年から一七一年にかけて、マルクスは先述のカルヌントゥムを司令部とし、撃退のための指示を出した。反撃は進まず、歴戦の将軍が戦死するなど苦戦が続いた。この年に発行された貨幣の銘には、困難な状況で戦わねばならぬローマ軍の兵士たちに忠誠と団結を訴える文字が刻まれている。

一七一年の後半になってようやくローマ側の反撃が成功し、侵入者は押し返されるようになった。敵対してきた諸部族の側には、クァディ族のように講和を申し出る部族がおり、マルクスはその使節にカルヌントゥムで対応した。このたびの大侵入の最も深刻な点は、それまで互いに敵対していたゲルマニアの諸部族が同盟を結んでローマ帝国領に攻めてきたことであった。マルクスはこの点を重視し、諸部族の同盟関係を断って敵を弱体化しようとした。そのために一部の部族を帝国領内に移住させることもしたが、ラヴェンナに入った人々が問題を起こしたため、その後マルクスはイタリア内への移住を認めなくなった。

一七二年に入ると、ローマ側は属州から諸部族を排除するだけでなく、属州の領域を越えて北へと軍を進め、マルコマンニ族の居住地にまで入り込むようになった。戦闘と並行して講和協議や条約締結もなされた。貨幣に「ゲルマニア人に対する勝利」が刻され、この年の内にマルクスは「ゲルマニクス」(ゲルマニアの征服者)の称号を与えられた。

しかし、講和が成っても条約不履行が次々起こり、戦争終結には至らなかった。最初に講和を結んだクァディ族はこの年、ローマと戦うマルコマンニ族を支援して条約を破った。一七三年になってマルクスはクァディ族を破り、再び講和を結んだが、ローマ軍がサルマティア系のイァジュゲス族と戦うとクァディ族は再度ローマとの講和に反してイァジュゲス族と同盟し、親ローマの王フルティウスを廃して反ローマのアリオガエススを王とした。このクァディ族の条約違反の行為に対して、温厚で寛容なマルクスも激怒し、アリオガエススの首に賞金をかけさせるほどであったとディオ『ローマ史』は伝える。

一七四年にはローマ軍の勝利が続き、マルクスは七度目の「大将軍」の歓呼を受けた。一七五年には頑強に抵抗していたイァジュゲス族が講和を請い、夏には戦争は休戦といってよい状

図 4-5　マルクス・アウレリウス記念柱の進軍・戦闘の浮彫

態となった。マルクスは「サルマティクス」(サルマティア人の征服者)の称号を与えられている。

　本書冒頭で触れたマルクス・アウレリウス記念柱の浮彫には、ちょうどこの時期、一七〇年代前半の戦争の様子が描かれている。その浮彫の第一〇~一一景に「雷の奇跡」、第一六景に「雨の奇跡」と呼ばれるシーンがある。「雨の奇跡」のシーン(図4-6を参照)には、雷雨を表す怪人が描かれ、その下に、流れる雨水で倒された敵兵などの姿が刻されている。浮彫に情景の説明文はないが、この二つの「奇跡」についてディオ『ローマ史』に記述がある。それに拠れば、マルクスはクァディ族との戦闘で、思いがけぬ勝利を得ることができた。ローマ軍がクァディ族の大軍に包囲され、苦しい状態にあった時である。疲労困憊した兵士は、暑さと水分を取ることができない苦しさで窮地に陥っていた。戦うことも退却することもできずにいたところ、にわかに空が曇って豪雨となった。ローマ兵は雨を受けて飲み、飲みながら戦った。豪雨は雷をともない、落雷が敵の戦列を襲った。激しい雨は落雷の火を消すどころか油のようにあおり立て、敵兵はずぶ濡れになって消火の水を求めた。一方、落雷はローマ軍を襲うことはなく、まれに落ちてもすぐに消えた。敵兵はローマ軍が火を消す水を持っていると信じて飛び込んできて、倒されてしまった。これは神々の助けであった。マルクスの友人のエジプトの魔術師アルヌフィスが魔術で神々、とくにヘルメス神を呼び寄せて雨を降らせたという話も伝えられている。そして、こんな時すらマルクスは敵兵に哀れみをかけたのであった。

図 4-6　マルクス・アウレリウス記念柱の「雨の奇跡」の浮彫

このディオの説明に対し、四世紀のキリスト教会史家エウセビオスや一一世紀ビザンツ帝国の修道士キフィリノスは、雨を降らせたのはキリスト教徒の祈りであると述べている。「雨の奇跡」「雷の奇跡」は、その歴史性や記念柱の浮彫の情景解釈に難しい問題があるが、一七〇年代前半のローマ軍の苦戦を反映していると推察される。そうした苦しい戦争が、一七五年頃、ようやく危機を脱する状態になった。

一六八年春の首都出発以来、すでに七年以上が経過していた。マルクスは、一六九年以来首都に帰還することなく、前線で指揮を執ってきた。ローマ軍は冬、凍結したドナウ川で戦ったとディオは記述している。マルコマンニ戦争が始まるまでイタリアから出たことがなく、軍団指揮をしたことのなかったかつてのプリンスは、今や五四歳、戦争の悲惨さと戦いの苦しさをいやというほどに味わった将軍となっていた。

4　カッシウスの反乱と晩年のマルクス

カッシウスの反乱

ドナウ川方面での戦争がようやく休戦状態になった一七五年の四月、シリアで大事件が起こった。属州シリア総督で、パルティア戦争でのローマ側勝利に貢献したあのアウィディウス・カッシウスが、皇帝を称したのである。これは、マルクスに対する反乱であった。

一七二年、エジプトのナイル川河口デルタ地帯に住んでいたブコリキ（「牛飼い」の意）と呼ばれる人々が、神官イシドロスに率いられてアレクサンドリア市を攻めるという事件が生じたが、属州シリア総督のカッシウスが派遣され、鎮圧した。エジプトはアウグストゥス帝以来皇帝の私領というべき扱いであり、元老院議員は許可なく立ち入れない場所だったが、マルコマンニ戦争に追われるマルクスは、カッシウスに対し、属州シリアだけでなくローマ帝国東部地域全体にわたる広範囲の監督権限を与え、騒ぎを鎮圧させたのであった。マルクスにとって、カッシウスは能力がある、そして信用できる人材だった。そのカッシウスが皇帝を僭称したのである。

ディオ『ローマ史』は、カッシウスの皇帝僭称について、次のように伝えている。マルクスの皇后ファウスティナは、夫が著しく病弱なため息子コンモドゥスの将来を心配し、もし夫が死ぬようなことがあれば「自分と皇帝権」を手にしてほしいとカッシウスに頼んでいた。マルクス死去の誤報を受けたカッシウスは、その真偽を確かめもせずに皇帝を僭称し、真実を知った後も方針を変えず、戦いによって帝権を獲得しようとした。『ローマ皇帝群像』は、「マルクス伝」も「アウィディウス・カッシウス伝」も、カッシウスは夫の健康に絶望した皇后の希望で帝位を宣言したが、別の伝えでは皇帝の死という誤った噂を作り上げて行動した、と述べている。

カッシウスの反乱が皇后の絡んだ事件であったのかどうか、真相はわからない。皇后ファウスティナは、『ローマ皇帝群像』所収の伝記では不誠実な妻として描かれている。彼女の情夫の名を挙げてその不貞な振る舞いを詳しく書き、マルクスは彼女の不貞の噂を知りながら知らないふりをしていた、と述べている。しかし、このようにファウスティナを悪妻と描くのは、後に暴政を行う皇帝となった息子コンモドゥス帝の悪徳の由来をすべて母たる彼女に帰してしまうことと繋がっていると考えられる。マルクス自身は『自省録』第一巻の謝辞の最後で、「私の妻のようなあれほど従順な、あれほど優しい、あれほど飾り気のない女を妻に持ったこと〈に感謝する〉。」(一-一七)と記述している。マルクスとファウスティナとは三一年間結婚生活を送り、一四人の子をもうけた。その多くは夭折してしまったが、女子五人、男子一人(コンモドゥス)を成長させた。子を亡くした悲しみをともに分かち合い、マルコマンニ戦争のため夫が北方へ出征するとそれに同行した。彼女は、一七四年には「陣営の母」の称号を受けている。

皇帝を宣したカッシウスは、ローマ帝国東部の七軍団を掌握しており、事は重大であった。マルクスは麾下の軍に演説し、治安を回復するために東方へ向かうと述べ、首都ローマ市から息子のコンモドゥスを呼び寄せた。首都の元老院にも通知し、元老院はカッシウスを「国家の敵」と宣言して財産を没収した。首都の民衆はカッシウスが復讐に来るとおびえたため、マルクスは「首都防衛軍」を配置した。マルクスのギリシア語修辞学の師であったヘロデスはカッシウスに書簡を送り、ギリシア語でただ一言「エマネス」(君は気がおかしくなったのか)と書いた、とヘロデスの伝記は綴っている。

図 4-7　皇后ファウスティナの彫像

カッシウスは、当時属州カッパドキア総督を務めていたマルティウス・ウェルスの支援に期待したが、彼を味方に付けることはできなかった。ドナウ川の沿岸地域で戦う東部出身者からも支援は得られなかった。そして、反乱開始から三ヶ月と六日経った日に、カッシウスは部下の百人隊長に殺害されたのである。首は切り落とされて、マルクスのもとへと送られた。カッシウスがアレクサンドリア統治を委ねていた人物も軍隊に殺害され、ここにローマ帝国を揺るがした反乱は戦いを経ることなく終わったのであった。カッシウスの首級が届いたとき、マルクスは喜ぶことも誇ることもせず、慈悲をかける機会を失ったことを悲しんだと「マルクス伝」は伝える。そして、カッシウスの家族・親族を寛大に扱い、元老院には反乱に加わった者たちを厳しく処罰することを慎むように請うた。自分の治世にはいかなる元老院議員も死刑にしないことを求めたのである。

カッシウスが殺害された後、属州カッパドキア総督マルティウスがシリアに入り、属州統治と軍指揮の中枢部を抑えた。マルティウスはそのまま属州シリア総督に任じられた。ディオ『ローマ史』は、この時に皇后の書簡が焼かれたと書いている。

反乱は終わったが、マルクスは帝国東部の秩序回復の必要性を感じ、皇后と息子コンモドゥスをともなって巡幸の旅に出た。反乱の中枢であったシリアのアンティオキア市には立ち寄らず、まずエジプトのアレクサンドリアを訪ね、冬を過ごした。一七六年になってから小アジアへ向かったが、タウロス山麓のハララという村で、皇后ファウスティナが病で死んだ。四六歳。マルクスはこの村をファウスティノポリスと名付け、神殿を建てた。

小アジアからギリシアへと移動し、マルクスはアテネに立ち寄った。この地で、欽定講座といってよい、著名な哲学派や修辞学の指導的教師への俸給支払いを定めた。エレウシスの秘儀に入信もした。一七六年の晩秋に首都ローマへ帰還し、一二月二三日にコンモドゥスとともに戦勝の祝賀を行っている。

カッシウスの反乱は、帝位の後継者を定めることが急務であるとマルクスに痛感させた。彼には実子の男子が一人いるゆえ、家族のつながりを重視するローマ社会の通念に従えば、取り得る方途は単純で、他に余地はなかった。一七七年年頭、マルクスは一五歳の息子コンモドゥスを正規の執政官とし、この年の中頃までにアウグストゥスの称号を与えて、共同統治者としたのである。さらに、翌一七八年には、コンモドゥスをブルッティア・クリスピナという女性と結婚させた。彼女の祖父はハドリアヌス帝の友人で、アントニヌス帝が治世の最初に正規執政官になった時の同僚でもあった。父も一五三年に正規執政官となっており、皇帝家に近い有力者である。当時の上層市民の男子にしては異様に早いこの結婚は、息子の頼もしい支えとしてマルクスが配慮したのであろう。

新属州設立か

一七八年八月、マルクスはコンモドゥスをともない、再び北の戦地に向かった。この頃、ローマ軍は作戦を有利に進めて、マルコマンニ族とクァディ族に強い圧力をかけていた。軍の一部はドナウ川を越えて、北の諸部族の居住地にまで侵攻していた。ドナウ川から北に一二〇キロほど進んだ現スロヴァキアのトレンチンに残された石碑と、この地に軍司令官として駐屯していたウァレリウス・マクシミアヌスという人物に関する北アフリカ出土の碑の銘文から、一八〇年頃にはドナウ川の北の空間をかなり広くローマ軍が占領していたことがわかっている。帝国領内に侵攻して大きな被害をもたらした諸部族はすでに追い返され、懲罰も受けている。マルクスは戦争をどう終わらせるつもりだったのだろうか。

『ローマ皇帝群像』「マルクス伝」は、マルクスがドナウ川の北に新属州マルコマンニアとサルマティアの設立を欲していたと伝える。「もしアウィディウス・カッシウスが東方でその時反乱を起こすことがなかったら」、別の箇所では「もし彼がもう一年長生きをしておれば」、これらの地域を属州にしていたであろうと記している。コンモドゥス帝の時代を描く三世紀のヘロディアヌスの史書も、戦争中止を決めた新皇帝コンモドゥスに戦争の継続を訴える義兄ポンペイアヌスの演説において、マルクスが帝国を「大洋まで拡大する」ことを欲していたと語らせている。しかし、ディオ『ローマ史』のマルクスの行動と意図に関する書き方は曖昧で、戦争目的が懲罰遠征に留まるのか、それとも新属州設立を目指していたのか、両様に解釈されうる。そのため、学界では戦争目的をめぐる論争が生じた。

それにしても、どうしてこのような戦争が生じたのだろうか。そもそもなぜ諸部族は侵攻したのか。これまで学界では、マルコマンニ族やクァディ族など属州の外側に住む人々が、さらに北東にいるゴート族など別の部族に圧《お》されたためや、諸部族にローマが与えていた支援金が滞ったり支払われなくなったりしたためと説明されていた。ローマはかねてより、属州の外側にすむ人々の王国を従属国とし、その王に支援を与えていた。タキトゥス『ゲルマニア』では次のように書かれている。

「マルコマニ《ママ》族とクァディ族には、彼ら自身の部族の出の王朝が、われわれの時代までずっと存続している。それはマロボドゥウスとトゥデルという高貴な氏族である。（今では、ときに他部族出身の王にも甘んじている。）いずれにせよ王の勢力と地位は、ローマの権威にもとづく。われわれが王を援助するとき武器によることは稀で、たいていは金銭による。だからといってそれだけ王の威信が衰えているわけではない。」（國原吉之助訳）

この「金銭」を得られなかったので侵攻したという学説が提示されているのだが、晩年のアントニヌス帝や即位後のマルクスが支援金を払わなかったと記した史料は存在しない。

諸部族はマルクスに、自分たちをローマ帝国内に受け入れてくれるように望んだ。マルクスは一部の人々を属州に受け入れたが、敵対する諸部族の同盟を分断するために執った策と考えられる。戦争の最中にマルクスはいくつかの部族と講和条約も結んだが、それらも同じ目的とみてよいだろう。諸部族、とくにその王が経済的に困窮し、部族の民がローマ軍の兵士として働けるよう、属州の住民すなわちローマ帝国の構成員となることを要望したと説く研究者もいる。しかし、先に見たように、マルコマンニ戦争を通じてマルクスは敵対する諸部族の条約違反に幾度も遭遇し、不信を募らせていた。危機で兵士不足の時は剣闘士や奴隷も徴兵の対象としたが、戦争末期の優位を得た時期に、長らく敵対してきた人々を新たな属州住民に迎えて兵役につけることをマルクスは考えただろうか。

ディオ『ローマ史』によれば、戦争の過程でマルクスが諸部族と結んだ講和条約でのローマ側の要求は、捕虜や脱走兵、属州民や家畜の返還の他、ドナウ川の北に一定幅の無人地帯を設けること、交易（市場）や集会はローマ側が監督すること、ローマの信任した王を承認し人質を差し出すこと、兵士や武器をローマ側に提供すること、おおむね以上であった。これらは、諸部族が戦争前の従属国と同じように存続することを定めているに過ぎない。これらを見る限りでは、マルクスは諸部族の居住地を属州に変更したり、諸部族を属州内に移住させたりすることは考えていないように思われる。戦争目的の問題は、マルクス個人の意図とは別に、ローマ帝国の対外政策の展開と国勢を考える上で非常に重要な問いであるが、対外関係の点ではこの戦争を通じての新しい展開はなかったと見てよいだろう。

マルクスの死と戦争の終結

一八〇年に入ってローマ軍の敵地占領は続いたが、マルクスは急速に健康を失っていった。

長い間の前線での暮らしと緊迫した戦争指揮の日々、そして戦地にあっても切れ目なく続く帝国行政と司法の仕事によって、マルクスの身体は蝕まれていた。ディオ『ローマ史』は、マルクスはもともと身体が強壮ではなく、何より寒さに耐えることが難しかったので、自分の命令で兵士を集合させながら、演説をする前に退席してしまうようなこともしばしばであったと伝えている。さらに、次のようにも記している。

「彼はたいそう小食であり、食事はいつも夕食で摂った。日中は、テーリアカという薬以外、口にしなかったのである。このテーリアカは、彼があることを恐れて摂っていたのではなく、胃と胸を悪くしていたからだった。そして、この薬を飲むことで、彼は胃や胸、それ以外の病にも耐えることができたのだと言われている。」

ディオが伝えている薬、テーリアカとは、元来は毒蛇などにかまれたときの解毒剤であったが、それ以外の毒にも有効とされるようになり、毒殺を恐れる君主などに重宝された。ディオの文中にある「あることを恐れて」というのは、「陰謀による毒殺を恐れて」の意味である。医師ガレノスが残した『解毒剤について』などを分析したマターンは、マルクスの時代にテーリアカが富裕層で流行したことや、マルクスのテーリアカがどのように調合されていたかを紹介している。それに拠れば、マルクスは薬剤の調合に非常に関心を持ち、たびたびガレノスに尋ねていた。マルクスが飲んでいたテーリアカには今日でいう覚醒剤成分が調合されていたため、執務中に眠り込んでしまったことがあったので、テーリアカの服用を止めたが、そうすると今度は不眠状態になってしまい、以前の薬を服用せねばならなくなったという。マルクスにとって、深い睡眠をとることは非常に難しかったようである。

このように健康に不安のあるマルクスには遠征先にも医師団が付き従い、体調を崩せば食べ物を調整し薬を投与していたが、長年にわたる労苦は許容度を超えてしまっていた。一八〇年の冬を越えた三月になると、彼はひどく衰弱した。『ローマ皇帝群像』「マルクス伝」は、マルクスが疫病に罹っていたことを示唆するが、他の史料には言及がなく、明確にはわからない。ついにイタリアに戻ることなく、マルクスはシルミウム付近のボノニア、あるいはウィンドボナの前線司令部宿舎で死の床についた。ディオ『ローマ史』によれば、三月一七日、その日の合い言葉を求めた当番の将校に「昇る太陽のもとに行け。すでに私は沈みつつあるゆえ」と述べ、世を去った。五八歳であった。

マルクスは死の床で、コンモドゥスに戦争を継続するようにと指示した、と諸史料は伝える。すでに共同統治者となっていたコンモドゥスは、単独皇帝となって後、しばらくは戦いを継続したものの、マルコマンニ族・クァディ族と講和条約を結んで戦争を終結させ、首都に帰還した。一〇月二二日には「ゲルマニアにおける戦争」の勝利を盛大に祝っている。マルクスの遺骸は、先帝らと同じくハドリアヌスの墓廟に葬られた。ディオ『ローマ史』は、マルクスの死が病気のためではなく、コンモドゥスを喜ばせたいと思った医者によると記述しているが、このような話はスキャンダラスな話題を好む『ローマ皇帝群像』を含めて他史料には伝えられていない。

ディオ『ローマ史』はコンモドゥスが諸部族と結んだ講和を伝えるが、それは先に紹介したマルクス締結の条約に追加をしたものだったと記す。追加内容としては、マルコマンニ族、クアディ族には、穀物、兵士、武器の供給が求められ、集会は月一度、ローマの百人隊長が出席すること、イァジュゲス族等に戦争行為を働かないことが定められている。おそらく他の部族との間にも同じような条約が取り決められたと考えられる。マルクスの、あるいは彼の幕僚のもくろみはともかく、マルコマンニ戦争は戦争前の従属国の状態を回復して終わった。この戦争で生じた諸部族の同盟をなした侵攻は、三世紀の諸部族の帝国領侵攻、四世紀以降の「ゲルマン民族の大移動」に繋がる歴史的画期と学界では指摘されてきたが、結果的には戦争が帝国の外政上に新しい要素をもたらすことはなかった。十数年間にわたった戦争は、帝国領に侵入した人々の側にそうする理由があって生じただろうが、侵入された属州住民の人命と生活に多大の被害をもたらし、侵入した諸部族にも押し返そうとしたローマ軍にもおびただしい数の死者を出しただけで終結したのである。

第五章　死と隣り合わせの日常

――マルクス・アウレリウスが生きたローマ社会

ローマ人の墓石

死ぬということはなんであるか。もし我々が死それ自体をながめ、理性の分析によって死からその空想的要素を取り去るならば、それは自然のわざ以外の何ものでもないと考えざるをえないであろう。自然のわざを恐れる者があるならば、それは子供じみている。しかも死は単に自然のわざであるのみならず、自然にとって有益なことでもあるのだ。

(第二巻一二)

眼前によこたわるものの一つ一つを注意深く眺め、それがすでに分解しつつ変化しつつあり、いわば腐敗と分散の状態にあること、またあらゆるものはいわば死ぬために生まれるのだということを考えよ。

(第一〇巻一八)

1　マルクスの死に対する思い

『自省録』に見える「死」

前章では、即位してから戦争の前線司令部で最期を迎えるまで、マルクスの歩みを眺めてきた。それは、パンデミックに見舞われた帝国の最高責任者として、侵攻した諸部族を押し返し領内の治安を回復するために全力を尽くした皇帝の苦闘の跡だった。総司令官としての日々にマルクスが綴った『自省録』には、「死」をめぐる彼の思いが目立つほどに多く見られる。それらは、この書物を多くの人々に深く印象づける箇所といってよいだろう。本章の扉にも二箇所掲げたが、第一章にて紹介した「死は誕生と同様に自然の神秘である。同じ元素の結合、その元素への〔分解〕であって、恥ずべきものでは全然ない。」(第四巻五)の他、さらに次のような文章も挙げることができる。そこでは、死を自然なものと受け止めよと説いている。

「死を軽蔑するな。これもまた自然の欲するものの一つであるから歓迎せよ。たとえば若いこと、年取ること、成長すること、成熟すること、歯やひげや白髪の生えること、受胎すること、妊娠すること、出産すること、その他すべて君の人生のさまざまな季節のもたらす自然の働きのごとく、分解することもまた同様の現象なのである。したがってこのことをよく考えぬいた人間にふさわしい態度は、死にたいして無関心であるのでもなく、烈《はげ》しい気持をいだくのでもなく、侮蔑するのでもなく、自然の働きの一つとしてこれを待つことである。そしてちょうど今君が妻の胎から子供が産まれ出る時を待っているように、君の魂がその被いから脱け出す時を期して待つがよい。」（第九巻三）

こうした死に関する記述が多いことについては、マルクス自身が年齢を重ね病も抱えて、自分の死期が迫ったことを自覚している中で『自省録』を書いたという事情が考えられる。加えて、哲学史研究の立場からは次のように解説されてもいる。すなわち、エピクテトスに代表される後期ストア派の哲学は、来世や魂の不死を考えておらず、また現世で良い行いをしたから来世で報われるとも信じていない。死は善でも悪でもなく、ただ、元素に返るだけのことであり、そのことは宇宙の回帰のために必要である。マルクスはこうした哲学の考えに従っている。そして、死についての記述は、彼個人の病気や老いなど実際の体験だけではなく、死を思い描くストア派の「訓練」でもあると説明される。確かにエピクテトスは『要録』で次のように述べている。「死とか、追放とか、あらゆる恐ろしいことを、毎日、目の前に思い浮かべるようにせよ。なかでも特に死のことを思え。そうすれば、つまらぬことを考えることもなければ、なにかを過度に欲求することもないであろう。」（國方栄二訳）

このように、『自省録』に見られるマルクスの死に対する感じ方、考え方は、彼個人の事情や奉ずる哲学の信条から説明されている。そして、『自省録』の死に関わる文言から現代世界での生き方にも通じる助言・提言を引き出すこともなされてきた。しかし、前章で見たように、『自省録』が書かれた頃、帝国はパンデミックと戦争のまっただ中にあった。こうした時代の事情は、古代のローマ帝国社会という場とともに、マルクスの思いの理解の際にもっと重視されてよいのではなかろうか。マルクスが直面しそれについて感じ考えた「死」とは、現代世界のそれとはかなり異質な可能性がある。彼を含めて紀元二世紀のローマ帝国に生きた人々が「死」というものをどのように受け止め、自身や周囲の者たちの「死」についてどのような感情や考えを抱いていたかについては、ローマ社会の実態や特徴を考慮した上で解釈しなければならないと思われる。この章では、マルクスが生きたローマ帝国社会の「死」をめぐる事情を把握し、マルクスの『自省録』の文章の背景を明らかにしてみたい。

ローマ都市の生活環境

巨大国家となった帝政期のローマ帝国では、住民の多くは田園地帯で生活していたが、他の前近代諸地域とは比較にならないほどの勢いで都市化が進んでいた。数多くの都市が新たに誕生し、既存の都市もローマ風都市に変わっていった。今日のヨーロッパの主要都市の起源となつたところも数多い。帝国領内各地で、現代都市の先駆といってよい設備を備えた都市的生活が展開したのである。

ローマ風都市の中心部には、住民が集って政治・司法の業務や商売が行われ、学校も開かれる広場(フォルム)があり、市内には人々の生活に便宜を提供する公共建築物や娯楽施設が設けられていた。ただ、市街地の衛生状態は悪く、多くの住民が劣悪な環境の中で生活を送っていたことが、近年の日常生活史研究の進展で知られるようになった。ローマ文明の華といってよい水道設備は、市外の遠方の水源から動力も使わずに新鮮な水を市中へと導き、公共浴場は、その水をふんだんに利用した。これらは、前近代社会としては特記に値するローマ人の事績である。とくに、首都ローマ市中心部にはいくつもの水道が引かれていた。しかし、その水が現代社会のように市民の健康面に配慮され適切に活用されていたようには思われない。

ローマ人は入浴を好み、ローマ市だけでなく帝国領内各地に公共浴場が建設されたが、浴場の水や湯の管理、浴場の清掃などについて、衛生状態を良好に保つ作業がなされていたと理解できる史料は存在しない。マルクス自身が『自省録』の中で次のように書いている。

「入浴ということについて君が思い浮べること――油、汗、垢、どろどろした水、ことごとく胸が悪くなるようなもの――これと同様なのが人生のあらゆる部面であり、すべて眼前によこたわるものである。」(第八巻二四)

この文章は哲学の「禁欲」の観点から理解されがちであるが、カリフォルニア大学教授のロバート・クナップは、この箇所や、二世紀末頃に活動したアルテミドロスの『夢判断の書』における浴場での排便への言及などを引用しつつ、ローマ時代の公共浴場がいかに不潔で危険であったかを強調している。

上水の供給がなされても下水の処理はどこも十分ではなく、首都ローマでは市中を流れるティベル川へ汚物が投棄され、水質の汚染が甚だしかった。前章で紹介した医師ガレノスは、ティベル川で捕れた魚などを食べないように警告していたが、市民は食していた。都市の下層の人々は日々の栄養事情も悪かったから、ひとたび疫病に襲われると、とりわけ体力のない下層の住民たちはたちまち大きな打撃を受けた。もともと沼沢地でマラリアなどの病気の温床となっていたローマ市では、巨大帝国の首都として外部から様々な物が流れ込んだこともあり、頻繁に種々の疫病に襲われることになった。

皇帝政治成立後の紀元一〜二世紀、ローマ帝国は安定と繁栄を誇ったことで知られるが、その時代でもたびたび疫病がローマ市とイタリアを襲っている。タキトゥスは『年代記』のなかで、ネロ治世の六五年の首都での疫病流行について、次のように記している。

「家々は死骸で、道々は葬式で、埋まる。老若男女、すべてこの危険から逃れられなかった。奴隷も、自由市民も、妻や子の慟哭《どうこく》するうちに、あっというまに息をひきとる。その妻や子も、そばでみとりながら、あるいは死を嘆いているうちに、しばしば同じ火葬用の積み薪で焼かれる。騎士階級や元老院階級の人々も、例外なく病死した。」(國原吉之助訳)
同じ流行であったのか否かはっきりはしないが、伝記作家スエトニウスもネロ治世にひと秋の疫病で三万人の死者が出たことを伝えている。
二世紀前半のハドリアヌス帝の治世にも疫病流行が知られるし、マルクスの後継者コンモドゥス帝の治世にも多くの犠牲者を出したと伝えられている。しかし、これまでの研究の成果に拠るならば、前章で述べたマルクス治世に生じた疫病流行は、ひときわ被害が深刻だった。マルクスは、首都にあっても出征した戦地にあっても、疫病によって苦しむ人々、死にゆく人々を見ざるをえなかったのである。

2　ローマ人の葬儀と墓

子供の死とローマ人

ローマ人の平均寿命はたいへん短かったと考えられている。今日の研究では二〇〜二五歳ほどと見積もられている。発見されている子供の墓や墓碑の数が想定より少ないのも、乳幼児期に死亡する者の数が多すぎたためと推定されている。改革事業で有名な共和政期の政治家グラックス兄弟は、実は兄弟姉妹で合計一二人だったが、無事成長したのは護民官となったティベリウスとガイウスの兄弟と女子一人だった。すでに述べたように、マルクス自身もファウスティナとの間に多くの子が生まれながら、成人できた者は半数に満たなかった。

ローマ社会で子供の数が多かったのか少なかったのかについては議論がある。また、幼子の死をローマ社会がどのように扱ったのかについても意見は分かれている。かつてフランスの学者フィリップ・アリエスは、近代以前の社会における「子供」に対する感情が近代以降のそれとは異なることを指摘した。多産多死の時代においては、「子供」に対する親や大人の感情や認識が現代とは異なり、子供が、愛し慈しまれて育てられることが自明の存在ではなかったというのである。後述する子供の死に際しての服喪を見ると、ローマ社会にもそのように解釈されうるところがある。しかし、マルクスは、わが子を失ったラテン語修辞学の師コルネリウス・フロントに慰めの手紙を書き、自らも次のように述べている。

「アポロニオス《ママ》からは、独立心を持つことと絶対に僥倖をたのまぬこと。たとえ一瞬間でも、理性以外の何ものにもたよらぬこと。ひどい苦しみの中にも、子を失ったときにも、長い患いの間にも、つねに同じであること。〈以上を教えられた〉。」（第一巻八）

子供が病んだり死んだりしたマルクス自身の経験を受けて書いていると思われるが、子供を気遣う彼の気持ちが表れている箇所は、『自省録』に他にもいくつも見られる。

「もう一人の人間は祈る。『どうか私の子供を失うことのないように』と。ところが君は『失うことを恐れずにいることができますように』と祈るのだ。」(第九巻四〇)

この文章も、多くの子供を幼いうちに失った父親の気持ちを反映していると読むことができよう。

ローマ帝国の経済と社会の研究に画期的成果を上げたケンブリッジ大学教授キース・ホプキンズは、平均寿命を二五歳と推定し、乳児の二八パーセントが誕生後一年以内に死んだと見ているが、イタリアに残されている一歳未満で死亡した子供の墓石は一・三パーセントに過ぎないとも述べる(一九八三年の研究)。ほとんどの子供は、何の記念もされずに集合墓に葬られ、この世からいなくなったのだろう。知られているローマ法の規定によれば、一歳に満たずに死亡した子供の服喪期間の定めはなく、三歳未満の子供の死亡の場合は大人の服喪期間の半分であった。この措置には死亡数の多さが関係しているかもしれない。古代であれ、幼子の死を親が悲しまなかったとは思われないが、墓石を作るには費用がかかった。多死の時代、弔いのあり方は、親の子に対する感情ではない次元で決まったのである。

ローマ社会では、近代以前の他の地域と同じように、子供が無事成長することは容易ではなかった。しかし、生き抜くことが容易でなかったのは子供だけではない。清潔さとは縁遠い環境で大人も容赦なく飢饉や疫病に晒され、暴力沙汰にも巻き込まれた。そうした死と隣り合わせといってよい暮らしのなかで、人々は死にどのように対処したのだろうか。

ローマ人の葬儀と墓

先に哲学史研究の説明に拠りながら、後期ストア派の哲学は来世や魂の不死を考えておらず、また現世で良い行いをしたから来世で報われるとも信じていない、死は善でも悪でもなく、ただ、元素に返るだけのことであり、そのことは宇宙の回帰のために必要である、と書いた。ストア派だけでなく、エピクロス派も肉体の死とともに魂も消滅すると考えていたことが知られている。しかし、こうした哲学の教えと異なり、一般のローマ人は「死後の生」を信じ、肉体の死の後にも魂が存続すると考えていた、とみるのが現在の歴史学の通説である。マネス(死霊と訳すことが多い)として墓所近くに留まると信じられていたのである。

ローマ人は「死後の生」のため、死に際して丁重に葬られることを願った。葬儀を経て墓を整えられることにより、死後も生きている間と同じように生活できるよう欲した。この点について、最近のローマ社会史研究が、首都ローマ市中心ではあるが、都市住民の葬儀や墓について多くの具体的な情報を提供してくれている。それらを参考にして、葬儀や墓の状況を概観し、ローマ人の死に対する対応をみてみよう。

ローマ社会では、大人が死ぬと葬儀が営まれ、葬儀を取り仕切る葬儀屋の家業も発達していた。遺体に死の穢れを感じるローマ人は葬儀屋を重宝したが、葬儀屋を独自に雇う財力がない者たちが、死後にきちんとした葬儀をしてもらうために生前から費用を積み立てする組合を結成していたところもあった。こうした葬儀組合については、ローマ市の三キロメートルほど南に位置したラヌウィウムの町から出土した碑の銘文が、組合の規約を伝えており、入会費や会費、死亡時の対応、自殺者には葬儀手当の支払いをしないことなど、その実態を詳しく教えてくれる。組合の会員には、自由人だけでなく奴隷も含まれていた。ローマ人は、死を前にすると法的身分の差を重視しなかったように見える。

遺体は死化粧を施され、男性は正装(トガ)を着せられて寝台に安置された。葬儀は、広場や墓地の近くで葬列を組んでなされた。踊り子や笛吹く者、泣き屋まで動員され、名家の場合は先祖の肖像なども持ち出されて葬列に加わった。政治家だった死者には、葬儀の最後に追悼のための演説が遺族によってなされた。葬儀が、自分の家の名誉を高める機会として使われたのである。

葬列をともなうような葬儀は富裕な市民のケースであり、多くの一般市民には派手な葬列などは無縁であって、簡素な別れの儀式で済ませられただろう。一世紀末のローマ皇帝ネルウァは、首都ローマ市の民衆に埋葬のための手当を出したと後期ローマ帝国時代の史料が伝えている。この施策をネルウァ後の皇帝たちが継続したか否かは知られていないが、ホプキンズが指摘するように、首都の民衆が自分の人生の最後に重大な関心を持っているのを皇帝政府が察知していたことがわかる。

葬儀のあと、遺体は土葬されるか火葬されるかした。蜜を使って防腐処置をして埋葬する方法もあった。ローマ市の歴史の初期、死者は土葬されるのが一般で、市内にも埋葬されたが、前五世紀の十二表法が首都市域内での土葬や火葬を禁じ、前一世紀の後半には市から約三キロ以内での火葬が禁じられた。現在、ローマ市の円形闘技場の遺跡コロッセウムがある場所から東にあたるエスクィリヌスの丘の一角では長らく火葬が行われていた。火葬と土葬は併存したが、後一世紀末頃までは火葬が多く、その後徐々に土葬が増えていった。ただし、死後の神格化の儀式の必要性から、皇帝の葬儀は三世紀になっても火葬であった。

前三世紀以降になるとローマ市から外へアッピア街道他の街道が次々でき、墓地はそれに沿った郊外に数多く造られるようになった。いわゆる「死者の町」(ネクロポリス)が形成されたのである。これは、ローマ市だけでなく帝政期の属州の都市においても同じで、都市の市門から外へと延びる街道沿いに墓や故人の栄誉を称える記念物が建てられ、都市に出入りする者はその町の名士の名や功績を刻んだ碑や彫像を否が応でも見ることになった。

共和政時代の墓としては、スキピオ家の幾世代もの石棺が置かれた共同墓所が知られている。また、共和政末期や帝政初期には大きな墓所が造られた。今もローマ市中央に残る初代皇帝アウグストゥスの直径八七メートルの巨大な墓廟や、前一世紀末の元老院議員ガイウス・ケスティウスのピラミッドがその代表である。このピラミッドは、高さ二七メートル、底辺が二二メートル四方の大きさで、現在は修復された白く美しい姿を見ることができる。表面に刻まれた銘文には、建造に三三〇日かかったと記されている。二世紀前半には、今日「サンタンジェロ城」となっているハドリアヌスの墓廟が造られた。

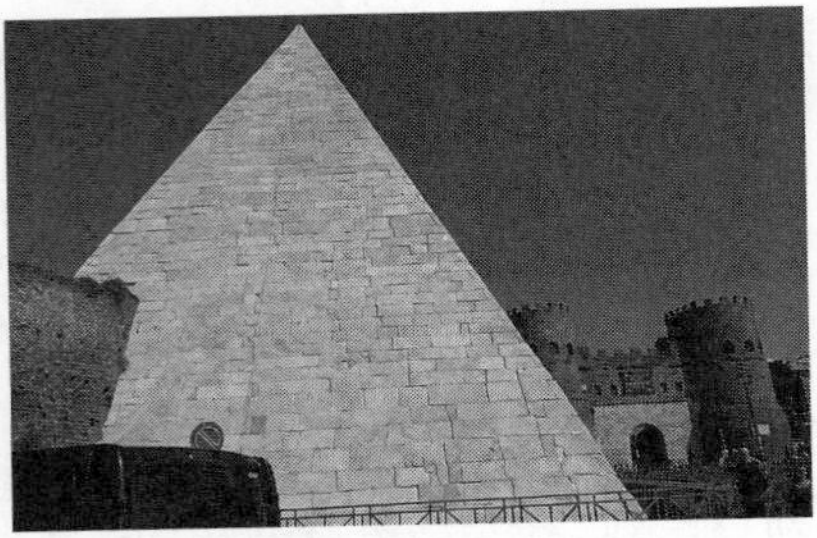

図 5-1 ガイウス・ケスティウスのピラミッド

しかし、こうした巨大な墓は例外である。前一世紀、カエサルの活躍した頃から、小さな敷地に小さな石碑を建てた個人墓が増えていった。そして、三世紀初め頃まで、ローマ帝国では個人(故人)を記憶する墓や記念物が急速に増加した。二世紀初めに活躍した元老院議員の小プリニウスの書簡集などを見ると、ローマ人にとって墓を用意し、記憶を残すことがいかに重要であったかが理解される。

ただ、都市部では人口増加により、周辺で墓地とする土地が得にくくなった。また、そもそも生活にゆとりのない住民にとって、土地を得て墓石を建てることは容易でなかった。そのため、ローマ人は「コルンバリウム」と呼ばれる共同墓所を案出した。コルンバリウムはその語義の「鳩小屋」の通り、墓室の壁面に窪み、つまり「壁龕《へきがん》」を多数設けて、そこに骨壺を置くようにしたものであった。一八世紀の前半にローマ市で発見されたコルンバリウムは、高さ七メートル、縦一〇メートル、横六メートルの部屋に三〇〇〇人分の遺骨が置かれていたと報告されている。

遺族は死者の誕生日や命日に墓所を訪れ、供養のための宴を設け、食事をともにして死者との交流の機会を持ったとみられる。ローマ人の間では、死者は供養されてしかるべき存在と認識されており、二月のパレンタリア祭と五月のレムリア祭が供養ないし悪しき亡霊を祓う機会として設けられていた。死後の安らかな「生」のために、家族を頼らず、都市に遺贈を行って供養を依頼する者もあった。供養されなかった死者は、亡霊として生者に災いすると恐れられた。日本でいうところの「幽霊」であり、ローマ社会にも様々な幽霊の話が伝えられている。

図 5-2　妻が夫と子供二人を供養した墓石

最盛期のローマ帝国社会で数多く生み出された墓石には、建立する者の財力に応じた長さで文章が刻まれた。上層市民は長大な業績録や追悼文を残し、下層の人々、奴隷さえもそうした銘文を残している。ローマ社会での下層住民、とくにその層の女性も、短い文章であったが、供養され墓碑を残すことで無名を免れた。そのような類例は、他の前近代の社会では見いだしがたい。いくつかあげておこう。

「フリアのところで着付化粧係として働いたプサマテ。享年一八。トリウス・フラックスのパン職人であるミトロダテスがこの墓を建てる。」(『ラテン語碑文選集』七四二〇a番)

「コッケイア・フィリスの衣装係をしていたイタリアのために。彼女は二〇年生きた。彼女の貧しさ故に、奴隷仲間のアカストゥスがこの墓を建てた。」(『ラテン語碑文選集』七四二八番)

このように、人々はその財力に応じて、また財力がない場合は助け合いながら、死後への配慮をしたように見える。こうした記録からは、ローマ人が自分や親しき者の死に非常に繊細な感情を持っていたと知ることができるのである。

3　死を見慣れたローマ人

配慮されない死

ところが、先に見たような死に対する繊細な感情を見いだせない面も、ローマ社会は持ち合わせている。帝国の住民は、上層市民は墓所を持ち、裕福でない人々も財力に応じて自分や親しき者の死に対応した。集合墓を利用したり、墓石の代わりにアンフォラという素焼きの壺を使ったり、また葬儀や供養をしてもらうために生前から葬儀組合に加入したりして、来世に備えようと努めた。しかし、下層の貧しい人々は葬儀もなされず共同墓所に葬られた。とくに最下層の人々は共同墓穴に投棄された。一九世紀の発掘作業によって見つかった、ローマ市のエスクィリヌスの丘の端の大きな穴が有名である。「鼻を突くような臭いのする」「腐り始める」という意味の語源をもつプティクリと呼ばれる穴である。発掘報告書にはドロドロとした液体があったと記されている。古代ローマ市の中心市域を囲む古い市壁にも、同じような遺体の投棄場所があった。都市のこうした共同墓穴には、遺体だけでなく、動物の死骸や人の排泄物まで一緒に捨てられていた。華やかなローマ都市には、こうした人の死に配慮しない面があった。先に見た、死後のために葬儀や墓を求める努力は、こうした共同墓穴への投棄という惨めさから逃れたかったためとも推測することができる。

伝記作家スエトニウスは、六九年にローマ皇帝となったウェスパシアヌスの伝記のなかで、「あるとき彼が昼食をとっていると、よその犬が三叉路《さんさろ》から人間の手をくわえて来て、食卓の下に落とした。」(國原吉之助訳)と書いている。この部分は、作家がウェスパシアヌスの将来の即位の前兆を述べているところであり、「よその犬」が現れることは吉兆、「手」も世界支配の予告という意味と解釈されてきている。しかし、「三叉路」はゴミ捨て場であり、人の遺体が遺棄されていたことを窺わせる。アメリカ・ブラウン大学教授のジョン・ボーデルや樋脇博敏に拠れば、ウェスパシアヌスの即位に先んじること半世紀のアウグストゥス治世、ローマ市では年に一五〇〇体ほどの遺体が放置されていたという。犬が人の遺体の一部をくわえて上層市民の食卓に来るなどということがあってもおかしくない世界であった。

人の死が尊厳をもって扱われないこうした冷酷さは、ローマ社会だけのものではないかもしれないが、ローマ帝国には他の時代や社会には類例を求めるのが難しいものもあった。それは、他人の死を楽しむ娯楽の存在である。

剣闘士競技会

ローマ人は、古くから祝祭の形で娯楽の機会を楽しんだ。最も伝統的なローマ祭では、ローマ市で悲喜劇の競演や運動競技、そして戦闘用馬車の競走である戦車競走が行われた。しかし、ローマ帝国の娯楽として今日一般によく知られているのは剣闘士競技会であろう。訓練を受けた闘士が真剣を用いて殺し合いをする見世物である。一方が敗れて死ぬか諦めて降参するまで、死闘が繰り広げられた。無様な戦いをしたと観客が判断した敗者は、その場で喉を切られて殺された。

この競技会は、ローマ起源ではなく、外部から持ち込まれたとされるが、記録がある限りでは、前二六四年に貴族の葬儀の際、追悼のために初めて行われた。この時は三組の剣闘士が広場（フォルム・ボアリウム）で戦った。前二世紀になると、出場する剣闘士の数が増え、ローマ広場に木造の専用会場が造られた。前六五年にかのカエサルが、ずっと以前に死んだ父親の供養のためということで剣闘士競技会を開いたときは、三二〇組もの剣闘士の戦いを行わせた。

剣闘士競技会は、死者の追悼のために初めて開催された。帝政期に生きたキリスト教護教家が記すように、死者の魂を人間の血によってなだめることができると信じられていたのかもしれない。しかし、この見世物は宗教的な要素を失って、急速に民衆の楽しみ、娯楽としてローマ社会に定着した。前一世紀にローマ市に初めての常設の剣闘士競技会場、円形闘技場が建設され、紀元後の八〇年には、最も大きい円形闘技場、コロッセウムが開設された。そして、ローマ市やイタリアだけでなく、帝国の拡大とローマ風都市生活の普及にともなって、帝国領各地に円形闘技場が造られた。今日も、イタリアを遠く離れたドイツやオーストリア、ハンガリー、イギリス、北アフリカなど各地にその遺跡が残されている。イタリアや南フランスに残る巨大な構造物から、ライン川沿いやブリテン島などに築かれた小さな競技場まで、大きさも形も多様な円形闘技場があった。民衆が多数集まる都市内や近郊ばかりでなく、兵士が駐屯する軍団基地のそばにもしばしば建てられた。人々は帝国内の至るところで、決闘に敗れて殺害される闘士の血まみれの姿を間近に見たのである。剣闘士の戦いを描いたモザイク画やランプな

図 5-3　剣闘士競技会の様子を表すモザイク画

どの出土品からも、その普及の広さや人気ぶりが窺われる。ポンペイの遺跡には、剣闘士の試合の勝敗を描いた壁の落書きさえ残っている。ローマ帝国の民衆は、残酷な見世物を目にしただけでなく、今日の野球やサッカーのように楽しんだのであった。

皇帝政治の時代に入って剣闘士競技会の規模はどんどん大きくなっていった。円形闘技場のアリーナでの戦いだけでなく、湖や人工池を使って海戦の様子を再現した見世物や、野獣を使って人間と獣との戦いを見せることもなされた。規模の点では、マルクス治世の半世紀ほど前、二世紀の初頭に皇帝トラヤヌスがダキア遠征成功を記念して開催した剣闘士競技会が有名である。ディオ『ローマ史』は、このとき一二三日にわたって競技会が開催され、実に一万人の剣闘士が戦ったと伝える。殺害された野獣の数は一万一〇〇〇頭と書いている。

こうした残酷な見世物がローマ社会で定着し人気を博した理由について、ホプキンズは次のように述べている。ローマは無慈悲な社会であり、その残忍性は、見世物と同じように私的な生活の領域においても、文化にしっかりと作り込まれていた。剣闘士の競技会が人気を博したのは、戦争と厳しい規律、そして死に付随してのことである。ローマは、軍人の国家だったのである、と。

絶え間なく市民が戦争にかり出された共和政の時代だけではなく、戦争が帝国辺境地域においてのみなされるようになった帝政前期の「ローマの平和」の時代にあっても、ローマ人は戦時の気風を維持するために、血なまぐさい剣闘士競技会を行った、とホプキンズは説いている。競技の合間には、しばしば罪人の公開処刑も行われていた。「メメント・モリ」(死を忘れるな)の格言では足りず、死の認識を人々の日常に定着させるため、強制的な仕掛けを機能させたという訳である。

ローマ帝国住民すべてが剣闘士競技など流血の娯楽に熱狂した訳ではない。哲学者セネカはその書簡に見られるように、この見世物を危険とみて嫌っていた。マルクスも熱心ではなく、皇帝として見世物会場に来ても文書を読んだり読み上げられるのを聞いたり、署名したりする仕事をしていたため、民衆の冷笑をしばしば招いたと伝記史料は伝えている。しかし、マルクスは皇帝ゆえに、残酷な娯楽の場にも出席しなければならなかった。

剣闘士競技の目的や機能、その歴史的意義については、今日の学界で多くの議論があり、先に紹介したホプキンズの見解に対する批判も出されている。こうした娯楽を皇帝や有力者が民衆に提供する仕組みやその慣行についても、熱心に論じられている。研究の結果、剣闘士競技会での闘士の死は、興行者への影響もあり、できるだけ少なくなるように配慮されていたことなど、その実態の複雑さが明らかになってきた。ただ、ここで確認しておきたいのは、ローマ帝国に生きる人々が、自分自身や家族など親しい者の死については非常に繊細な対応をした一方で、「他者の死」に関しては無関心、無頓着とも思えるような対応だったことである。剣闘士となって戦った者たちはおおむね奴隷身分ではあったが、自由人や上層市民も出場したことがしばしばあったから、剣闘士として戦うのが奴隷ゆえその命を軽んじていたと単純に考えることはできない。なぜ人々が残酷な見世物に熱中したのか、その解明は今後のさらなる研究の進展に期待したい。この見世物は、キリスト教がローマ帝国の国教とされた後の四世紀末以降次第に開催されなくなったが、ローマ帝国の崩壊期まで人々を魅了し続けたのである。

戦争の残酷さ

ローマ帝国は、その形成過程において実に多くの戦争を行った。戦争には敵味方ともに多くの人の死がともなう。共和政末期の内乱が終わってアウグストゥスの皇帝政治が成立した後は、帝位を争う戦いや帝国領の辺境地域における外部勢力との戦闘はあったものの、長期間にわたり皇帝自ら前線に出て指揮を執ることになるような戦争——のちの「三世紀の危機」の時代に頻発するような戦争――は、マルクスの治世までは生じていない。その点で、長期間にわたったマルコマンニ戦争は先例のない大事件であった。

すでに触れたローマ市に残るマルクス・アウレリウス記念柱は、高さ三〇メートルのドーリア式円柱の表面に、下から上へとらせん状に二一回転しながらマルコマンニ戦争の様子を浮彫で表現している。一一六の場面が描かれているが、先に建てられたトラヤヌス帝のダキア征服を記念した「トラヤヌス記念柱」の浮彫と同様、戦勝記念であるため、ローマ軍の勝利が目立つように描かれている。ローマ軍団がドナウ川を渡るシーンから始まり、戦いとローマ軍の勝利（勝利の女神が描かれている）、そしてまた次の戦いと、戦闘の状況が描かれ、最後に平和が訪れた田園の風景が描かれて浮彫の描写は終わっている。情景を分析した研究の成果によれば、浮彫は戦争の全部ではなく、一七一年から一七五年のカッシウスの反乱の前までを描いていると見られる。戦勝記念柱という性格上、浮彫に描かれた情景が戦争をそのまま描写しているとは考えにくいが、この記念物はセプティミウス・セウェルス帝治世の一九三年までに完成したと考えられるので、実際に戦争に従軍した軍人も眺めたと思われる。ある程度は史実に沿って描写しているとみることは可能だろう。そうした浮彫には皇帝の演説や作戦の打ち合わせ、ローマ軍兵士の工事なども描かれるが、印象的な情景は戦いとその後である。そこには、敗れた敵の無残な死があちこちに描かれている。

記念柱の浮彫の第六〇～六二景には、捕らえられた敵方の部族の兵士らしき人々が後ろ手に縛られたまま斬首されるシーンが描かれている。処刑の場をローマ軍兵士が取り囲んでいるが、部族の兵士を処刑しているのは、明らかに処刑される者と同じゲルマニア系の男たちで、ローマ側に付いた部族と思われる。その場には、斬首されて首と身体が離れた人の遺体も描かれている。第六七景には、斬首した敵の首を、髪の毛を摑んで持ち、マルクスに見せるローマ軍兵士が描かれている。手柄を強調しているのかもしれない。こうした情景に呼応するかのように、『自省録』でマルクスは次のように書いている。

「ひょっとしたら君は見たことがあるだろう、手、または足の切断されたのを、または首が切り取られて、残りの肢体《からだ》から少し離れたところに横たわっているのを。」(第八巻三四)

彼自身が戦場で見た光景を念頭にこの文章を書いていることは間違いない。戦場の残酷な光景を頻繁に見たマルクスは、自身が行っている戦争に疑念を抱いていた。第一〇巻で次のように書く。

「蜘蛛《くも》は蠅を捕まえて得意になる。ある人は子兎を、ある人は網で鰯《いわし》を、ある人は猪《いのしし》を、ある人は熊を、ある人はサルマティア人たちを捕まえて得意になる。ところでこれらの人びとの(行動の)原理を検討してみれば、みな盗人ではないか。」(一〇)

かのアレクサンドロス大王が海賊を捕らえて、「どういうつもりで海を荒らすのか」と尋ねたところ、海賊が「それは、大王よ、あなたが世界を荒らすのと同じだ。私は小さな船でするから海賊といわれるし、あなたは大艦隊でするから帝王といわれるだけだ」と応えた。先の『自省録』の一文は伝承されてきた逸話を踏まえたものと思われる。しかし、「サルマティア人たちを捕まえて」いる兵士はローマ軍兵士であり、マルクスはその総大将であった。一七五年にサルマティア系のイァジュゲス族を制圧したマルクスは、「サルマティクス」(サルマティア人の征服者)の称号を得ている。その自分を自ら皮肉っている訳で、陣中での彼の苦悩ぶりを表している。

本章では、ローマ社会における「死」をめぐる状況を見てきたが、人々の暮らしは常に死と隣り合わせのような日々であったといえる。マルクスの前に統治した皇帝たちの治世にあっても、死は日常の身近なところにあった。しかし、マルクスの治世に入り、大規模な疫病流行と長期間にわたった戦争のために、ローマ帝国の人々、とくに戦争に明け暮れたマルクスは、それまでよりも一層死を見慣れるようになった。目を覆う惨状と大量の死が彼の身近にあり、彼は統治の責任者として、それを直視しなければならなかった。彼の書き物に見える死に対しての感情は、病気の経験や老いとともに迫ってくる彼自身の死、あるいは死を思い描くストア派哲学の訓練という観点から理解する前に、死に溢《あふ》れた世界で生きねばならない彼の現実に照らして考えられなければならない。マルクスの死に対する思いとは、「死を自然なものと受け取ろう」ということであったが、これは、ストア派の教説を越えて、おびただしい死に囲まれて生きねばならなかった大帝国統治の最高責任者マルクスの、心の処理の仕方であったとみることができるのではなかろうか。

では、このように「死」に相対しながら、マルクスはいかに自分の「生」の意味を捉え、生きようとしたのか。章を改めて、さらに考えてみよう。

第六章　苦難とともに生きること

——マルクス・アウレリウスの生き方

マルクス・アウレリウスの騎馬像

君に残された時は短い。山奥にいるように生きよ。至るところで宇宙都市の一員のごとく生きるならば、ここにいようとかしこにいようとなんのちがいもないのだ。真に自然にかなった生活をしている人間というものを人びとに見せてやれ。観察させてやれ。もし彼らに君が我慢ならないなら、彼らをして君を殺させるがよい。彼らのように生きるよりはそのほうがましだから。

（第一〇巻一五）

1　ローマ皇帝の仕事

仕事としてのローマ皇帝

ローマ帝国の社会に生きる人々は、前章で見たように、人の死に繊細に対応し死後の「生」に配慮するところもあれば、人の死を軽んじぞんざいに扱い、娯楽として楽しむような面すらあった。不衛生な環境で、疫病によりしばしば多くの人々の死を招くこともあった。とくにマルクスの治世には、疫病の大流行と絶えざる戦争が大勢の人々に死をもたらした。大量の死が彼の身近にあり、統治の責任者として、彼はそれを直視しなければならなかった。内省の書といってよい『自省録』に綴られた「死を自然なものと受け取ろう」というマルクスの「死」に対する思いは、ストア派の教説を越えて、おびただしい死に囲まれて生きねばならなかった大帝国統治の最高責任者マルクスの、心の処理の仕方であったのではないかと推察される。それでは、帝国の前例のない危機的状況の中で、マルクスはいかに自らの「生」に向き合おうとしたのか。彼は、危機に瀕した帝国を支え、混乱した社会を平穏へと向かわせる激務を負わされたのであるが、どのような気持ちでその職務に向かったのか。この章では、マルクスの「生」

に対する思いを歴史の現実に即して考えてみたい。

マルクスはローマ帝国の皇帝であったが、そもそも「ローマ皇帝」とはどのような存在だったのか。一九世紀から本格化したローマ帝国の歴史研究では、共和政時代の元老院貴族による政治の集団指導体制からローマ皇帝の独裁政治体制へと移る変化が注目され、どのように皇帝が誕生したのか、ローマ皇帝が獲得した権力とはいかなるものだったのかが長らく研究されてきた。しかし、現在の学界では、皇帝の誕生や権力よりも実際に皇帝が何をしたのか、その働きの方に関心が移っているように思われる。強大な権力を振るう独裁者、時に暴君にすら見えるそのイメージを離れて、仕事をする人としてローマ皇帝を観察し、その本質を明らかにしようという研究である。そうした観点から見た場合、マルクスにとってローマ皇帝という「仕事」、「職務」はいかなるものだったのだろうか。

皇帝としてのマルクスの活動を扱った本書第四章では、戦争への対応に関する説明が多くを占めたが、彼は戦争だけをしていたのではない。行政、司法、福祉、文化事業など、広範囲にわたって実に多くの仕事をしたことが知られている。とくに、法制度整備や司法判断などを精力的に行った。例えば、『ローマ皇帝群像』「マルクス伝」は次のように伝える。

「マルクスは自由身分に関する訴訟を保護するために、市民各自に、自由身分に生まれた子どもに命名して、生後三〇日以内にサトゥルヌス国庫長官のもとに届け出ることを初めて命じた。また、属州でも、〔届け出のために〕公文書庫を用いることを定め、ローマで国庫長官の役所に届け出るのと同じように、生まれた子どもを申告するようにした。それは、属州で生まれた者が、もし万一、自由身分であることに関する訴訟を起こした時に、その記録から証拠を提出することができるようにするためであった。実際、彼は自由身分の申告に関わるこの法全体を確かなものとした。そして、金貸しや競売を扱う他の法も制定した。」

ローマ国家においては、少なくとも初代皇帝アウグストゥスの時代より嫡出子の申告義務があったと考えられている。「マルクス伝」が伝えるような届け出の制度をマルクスが創設したのではないことについて研究者たちの見解は一致しているが、他の法制度整備と合わせて、彼がこの制度についても整えたことは十分考えられる。

マルクスはまた、法廷が開廷される日を増やし、母親からの相続財産に関する法を定め、「後見人」「保佐人」の選任に関わる措置なども行った。これらを、マルクスは皇帝として独断専行で決めたのではなく、法の知識に優れた人物を近衛長官として身近に置き、その権威と知識を採用した。「マルクス伝」は次のようにも伝える。

「マルクスは、何か行動する前には、いつも最良の人々とともに協議した。それは軍事についてだけでなく、市民一般の生活に関わることについてもそうしたのである。実際、彼はいつも次のように言うのが口癖であった。『かくも多くの立派な友人諸君の助言に私が従う方が、友人諸君が私たった一人の意向に従うよりも、より公正である。』」

法整備については、新しい法を定めるよりも古の法を回復することに努めたと伝えられる。皇帝裁判に属する訴訟の審理を元老院で行わせ、司法活動で元老院の権威を高めるように配慮している。マルクスは、首都にいる時はできる限り元老院の会議に出席した。帝国の属州には元老院が管轄する属州と皇帝が管轄する属州とがあったが、第四章で述べた属州バエティカが襲撃された事件の時のように、元老院管轄属州に軍隊を置く必要がでて皇帝管轄属州にしなければならなくなった時、マルクスは別の皇帝管轄属州を元老院の管轄に変えてバランスを取った。さらに、属州出身の元老院議員に対して、その資産の四分の一をイタリアの土地で所有するよう定めたが、これはトラヤヌス帝の措置（少なくとも三分の一を投資させる）を引き継ぎ、元老院議員にイタリアを尊重するように求めたのであった。イタリアをあたかも属州のごとく扱うハドリアヌス帝が定めた執政官格四役員（イタリア各地に派遣され、属州総督と同様、統治業務全般を担当）の制度はアントニヌス帝が廃止していたが、マルクスはイタリアの評価に抵触しないよう、執政官より下位の法務官格の役員を司法の領域に限って設置し、イタリアの法務行政の効率化を図った。こうしたところから窺えるように、マルクスの方針は、元老院やイタリアというローマ国家の伝統的な要素に敬意を払うものであった。

マルクス独自の政策

しかし、一方でマルクスは、従来からの慣行にこだわらない措置も行った。対外戦争の危機を乗り切るために、軍事に有為な人材を出自にとらわれずに登用したのである。娘ルキッラの再婚相手ポンペイアヌスと反乱を起こしたカッシウスは、いずれも騎士身分の家柄の出であったが、本人たちは元老院議員として活動しており、こうした新しい元老院議員をマルクスは重く用いた。さらに、マルクス・アウレリウス記念柱の浮彫に美術史家がマルクスの幕僚としてポンペイアヌスとともに描かれていると同定するペルティナクスは、父が解放奴隷であったが、騎士身分の軍人として出世し、マルクスによって元老院議員へ引き上げられ、ポンペイアヌスの側近として活躍、さらに出世した。彼はのち、一九三年にわずかの期間だが、ローマ皇帝となる。そのような破格の出世の機会を、ペルティナクスはマルクスから与えられたのであった。

このペルティナクスの場合のように、騎士身分の人材を元老院議員経歴の途中段階へと「編入」（アドレクティオ）する措置をマルクスは多数行って、軍団指揮の担い手とした。ハイデルベルク大学教授ゲーザ・アルフェルディは、顕彰碑に刻まれた公職経歴の分析を基に、マルクス治世の帝国統治で活躍する新興家系出の属州総督、編入された騎士身分家系出の軍司令官などを調べ、アントニヌス帝治世からの統治担当者の変化を指摘している。騎士身分出身者の帝国統治への参入は、三世紀初めのセプティミウス・セウェルス帝が、騎士身分の者を元老院議員経歴に編入せずに属州総督職などに登用することでさらに進み、三世紀のうちに騎士身分が統治の要職を担当していた元老院議員に取って代わるまでに至る。この「騎士身分の興隆」は、元首政から専制君主政へと皇帝政治の性格を明らかに変えてしまう動因と理解され、マルクスの措置はその先鞭をつけたと意義づけられる。しかし、軍事経験のなかったマルクスにとって、危機を乗り切るために有能な将軍を登用することは不可避の方途であった。また彼は、先帝アントニヌスが、スコットランドに支配地を確保するという重要な任務を帯びた属州ブリタンニア総督に新興のウルビクスを登用したことから学んでもいた。

マルクスは帝国全体に目配りし、属州の人々の生活のためにも必要な措置を講じている。治安の回復や司法判断、住民の生活支援や娯楽の提供など、実に幅広い。ローマ帝国政府は属州の行政を都市ごとの自治に委ねていたが、二世紀の諸都市の中には、都市の壮麗さや見世物の派手さを競う都市間の張り合いなどもあり、都市やその自治を担う都市名望家の支出が過ぎて財政難に陥ってしまったところも少なくなかった。マルクスは、そうした機能不全に陥りかけた都市の参事会を監督するために、初めて役人を派遣している。文化面でも、ギリシアの中心都市アテネに皇帝の財政負担で哲学と修辞学の教授職を設置した。

以上に見てきたマルクスの皇帝としての仕事ぶりについては、その真摯さや勤勉さ、住民への思いやりを見てとることができるが、それまでの皇帝と著しく異なる措置といえば、新しい人材の大規模な登用くらいである。そして、それは帝国の危機的状況がマルクスに求めた措置であった。マルクスの政策や措置に、それ以前の二世紀の皇帝たちより突出したものは見られない。同時に、マルクスの統治がストア派哲学を反映したものかと問われれば、とくにそのように解さねばならないところはないと答えることになる。

第一章で説明したように、マルクスは、宇宙を一つの国家と考え、その国家の市民として生きることを善とするストア派のコスモポリタニズム（世界市民思想）を堅持した。マルクスにとって、理性を共有する者は皆、同じ国家の「同胞」だった。こうした思いをもって彼が政治に臨んでいたことは注目に値する。ただ、皇帝となって実際に相対したのは、彼が抱いたコスモポリタニズムを実践するにはあまりに厳しい、憎悪と争いに満ちた世界だった。彼が実際の統治行為に自らあたる際、ストア派哲学の考えは彼自身の個人的な振る舞いや心構え、人に接する態度などに十分反映されたかもしれないが、それは個人のレヴェルにとどまり、「哲人政治」などという特異な概念で表されるものではなかった。マルクスにとって、自らの職務を進めるに際して指針となったものは、ストア派哲学の思想や理想ではなく、後述するように、先帝アントニヌスの行動の記憶と考えられる。

ところで、マルクスの執った措置の中で、民衆の娯楽のために提供される剣闘士競技会について定めたものがあった。これは、彼が都市の自治を担当する都市有力者を支援するために行ったと考えられる。ところが、今日の学界では、この措置をもってマルクスをキリスト教徒迫害者と見なす研究者もいる。この点について少し考えてみよう。

リヨンでのキリスト教徒迫害

そのマルクスの措置とは、「剣闘士競技会開催費用の減免についての元老院決議」である。この決議は、一九世紀の終わり頃にスペインとトルコで発見された碑銘から、その内容をおおよそ知ることができる。マルクスと共治帝の息子コンモドゥスの名が記されており、一七七年以降のものと推定される。ただし、この碑に刻されたのは、皇帝の提案に元老院で述べられた議員の意見を付した決議内容を示す、いわば議事録であった。マルクスの治世らしく、皇帝と元老院が協調して作業していることを示す形となっている。長い銘文には、剣闘士競技会の開催に関して、剣闘士の提供価格など細々としたことが書かれているが、制度的な説明を若干加えつつ、その重要点を述べよう。

祝祭の見世物である剣闘士競技会を帝国の諸都市で開催する際は、剣闘士を提供するラニスタと呼ばれる興行師(剣闘士訓練者)に、競技会の主催者である都市の有力市民たちが費用を支払っていた。その額は、剣闘士の評価ランクで細かく分かれていたものの、この当時非常に高額になっており、競技会を引き受ける都市有力市民たちが苦しんでいた。碑は、皇帝たちが、諸都市の財政状況が厳しく都市の指導的市民たちの財政が破綻状態になっているところを救済、再建したと説明しているが、マルクスは全帝国において剣闘士の費用の上限を定めて、都市の有力市民の負担軽減を促したのである。ラニスタは国庫に収入の三分の一ないし四分の一を収めねばならなかったが、マルクスはこの上納金を止めさせて、提供価格の値下げも図っている。

上述したようにこの決議には元老院での意見が記されているが、それはとくにガリア（現在のフランスに相当）に言及し、この決議がガリアでの祝祭で見世物や皇帝礼拝を担当する人々を喜ばせたと述べている。さらに、ガリアでの宗教儀式で、民衆が期待している古い習慣「トリンクイ」（トルコ発見の碑の記載に従う）のために、皇帝たちは斬首が決まった死刑囚を安くラニスタに引き取らせるので、ラニスタは都市に高額で提供することはできなくなると宣言した、と記している。トリンクイとは、ガリアの土着宗教のいわゆる人身御供であり、野獣に人をかみ殺させて神々に捧げていたのである。

この決議に込められたマルクスの都市有力者救済策が、一七七年、ガリア属州の中心都市で現在のリヨンにあたるルグドゥヌムで生じたキリスト教徒迫害に結びつけられ、マルクスは迫害者と見なされることになった。リヨンの町にガリアの三属州の人々が集まり、「女神ローマとアウグストゥス」の祭壇で皇帝への忠誠を誓い、属州会議を開き、大祭典を催してきたが、一七七年八月の祭典の前にキリスト教徒たちが激しい迫害を受けた。数ヶ月続いた迫害で、多く見積もると四〇名ほどの殉教者を出した。この迫害については、殉教者が残酷な刑罰に処せられたことが『殉教録』などに詳しく記録されて伝えられており、ローマ帝国のキリスト教徒迫害を研究する学者たちが注目してきた。

キリスト教は、ローマ帝国の属州ユダヤで活動し第二代皇帝ティベリウスの治世に刑死したイエスの教えを、その弟子である使徒たちが広めて、教会組織も二世紀初めまでに帝国各地で発展した。しかし、その教えは有害な迷信とされ、信徒の集団はローマ帝国の住民から人肉食や近親相姦など悪しき行いをする人々と見なされて、しばしば迫害された。二世紀の初め、トラヤヌス帝の頃には、キリスト教徒はその「名そのもの」が罪であるとされ、死刑となる原則が定められた。しかし、ローマ帝国はキリスト教徒に対する迫害を積極的に進めることはしなかった。トラヤヌス帝の方針では、キリスト教徒はその「名そのもの」が罪であり、信徒であると告白すれば処刑する、しかし、棄教したり偽りの告発で訴えられたりした者は釈放し、当局の側からは探索せず、偽りの訴えをした者がいれば処罰する、というものであった。できるだけ棄教させ、できるだけ処罰しないという方針である。二世紀に生じたキリスト教徒迫害は、地域の住民の主導で引き起こされたり、住民の告発でキリスト教徒が訴えられ裁判にかけられたりすることで生じている。神々への供犠に応じようとしないキリスト教徒の態度は、国家や自分たちが生活する共同体の安寧を願う住民にとって、憎悪の対象となっていた。

リヨンでのこの迫害も、皇帝や属州総督の指示によって行われたものではなく、民衆のキリスト教徒に対する憎悪によって、総督のガリア不在時に始まった。ところが、ガリアに戻った総督は、それまでの帝国のキリスト教徒対策の方針を逸脱する措置を行い、迫害を激化させた。トラヤヌス帝治世以降、キリスト教徒を当局の側からは探索せず、できるだけ棄教させ、できるだけ処罰しない方針だったが、この時のガリアの総督(名前は知られていない)は、総督の自由裁量権を行使してキリスト教徒を探索し、逮捕者を増加させた。有罪の者を増やし、処刑するキリスト教徒を、野獣との戦いの見世物に投じ、最後には鉄の椅子で焼くなど、「生け贄」として殺害するようにしたのである。これがガリアの人々の知る「トリンクイ」であった。祝祭の主催者たる都市の有力者たちは、マルクスの提案から成る決議のおかげで剣闘士競技会を安く開催でき、また決議と総督のキリスト教徒探索・裁判で、トリンクイとなる死刑囚を安く手に入れることができた。かの元老院決議とリヨンのキリスト教徒迫害とを結びつける研究は、以上のようなガリア属州の住民の宗教観や都市有力者の利害、そしてそれと迎合した策を採る属州

図 6-1　リヨンのローマ劇場遺跡

総督が激しいキリスト教徒迫害を生んだとみる。その観点から、マルクスはそうした迫害を間接的に促す効果のある決議を生み出し、また迫害に手を貸した総督を監督できなかったとして、「迫害者」と見なされたのである。

マルクスとキリスト教徒

マルクスの治世には、すでにその初期に小アジアでキリスト教徒への迫害が生じ、殉教者が出ていた。また、首都ローマでも、一六五年頃に首都長官によるキリスト教徒の裁判が行われ、初代教父の一人ユスティノスとその弟子たちが処刑されている。今日残されている『殉教録』には、ユスティノスと裁判する長官との間のやりとりが記録されているが、その長官とはルスティクス、すなわちマルクスが『自省録』第一巻で謝辞を捧げている、マルクスをストア派哲学へと誘うに大きな役割を果たしたあのルスティクスである。マルクスは、首都長官という元老院議員経歴最高のポストを信頼するルスティクスに委ねて、首都の統治を任せていた。

マルクスはルスティクスから「腹を立てて自分に無礼をくわえた人びとにたいしては和解的な態度をとり、彼らが元へもどろうとするときには即座に寛大にしてやること」を学んだと書いている(第一巻七)。そのルスティクスは裁判で、幾度もユスティノスや被告となった者たちに「キリスト教徒であるか」と確かめ、ユスティノスらはその都度「私はキリスト教徒です」

と答えている。ルスティクスは「お前たちは、もしも(私のことばに)従わなければ、刑罰を受けるであろう」と述べたのに対して、ユスティノスは「我々は、刑罰を受けても、救われることを、祈りをとおして、信じています」と答えた。ルスティクスは「神々に犠牲を捧げることを望まない者たちは、法律の定めるところに従って、鞭打ちの後、処刑する」と結論したのであった(カギ括弧内は、『殉教者行伝』A版、土岐健治訳に拠る)。

一七六年頃にも迫害事件があったようで、アテネのアテナゴラスが東方に来ていたマルクスに『護教書』を出したことが知られている。同じ頃、小アジアのサルデスの司教メリトンがマルクスに宛てて出した護教書もエウセビオス『教会史』に伝えられており、迫害をやめるように請願している。そこに記された文言「新しい指令」をめぐって、トラヤヌス帝の下で作られたキリスト教徒対策の基本方針をマルクスが改変したかどうかも学界では検討されてきた。リヨンでの迫害事件もいま述べた事件や論点についても、史料の問題をはじめ、真相の解明には多くの課題があるが、研究者たちの見方は、マルクスがトラヤヌスの打ち立てた方針を変更してキリスト教徒に厳しい態度を取るようになったと解釈することはできないという点で、ほぼ一致している。先のルスティクスの裁判はトラヤヌスの方針に従っていると理解され、ガリアからの問い合わせに対して出されたマルクスの指令もトラヤヌスの方針の内にあり、またガリア総督が自由裁量権で方針から逸脱したと見なされている。キリスト教徒の残した記述も、マルクスに対しては決して敵対的ではないと評価されている。

では、マルクス自身はキリスト教徒をどう思っていたのだろうか。『自省録』第一一巻に次のような記述がある。

「たとえ今すぐにも魂が肉体から解かれ、消滅するか、分散するか、そのまま存続するか、以上三つのうちいずれかの状態に移ることになったとしても、立派に用意ができている魂とはどんな魂であろう。ただしこの準備ができているというのは、自己の内心の判断から出るべきことであって、〔キリスト教徒のごとく〕単なる反抗からであってはならない。それは思慮と品位とを備うべきであり、他人をも納得させようとするならば、芝居がかったところがあってはならない。」(三)

この文中の〔 〕で囲まれた部分について、『自省録』の研究者たちはマルクスの書き物にはない、後世の挿入としてきた。ただ、マルクスが大切に読んだと思われるエピクテトスの書『語録』は、キリスト教徒(エピクテトスは「ガリラヤ人」と呼ぶ)の死に動じない態度に触れており、エピクテトスはキリスト教徒を、理解できない狂信者と見ていたと一般に理解されている。これに照らして、『自省録』のキリスト教徒への言及が挿入ではなく、マルクスのキリスト教徒に関する見解と見る研究者もいる。

トラヤヌス帝の下で属州総督を務めた小プリニウスなどキリスト教徒への対応をした統治担

当者は、キリスト教徒が棄教を促されても応じない「強情さ」を持ち、ひたすら殉教を望むその態度に、当惑し、呆れ、非理性的と見なした。マルクスも、キリスト教に関する特別の関心や知識を持たなかったようで、おそらく同じように感じていたと推測してよいように思われる。キリスト教徒は、『自省録』でマルクスが批判している「神々を否定する者」（第三巻一六）に含まれているかもしれない。

以上に述べてきたように、リヨンの迫害にマルクスは直接関与していない。彼は、都市の行政を預かるその町の有力者の経済的な負担を軽くしようとした。この行為は、ローマ帝国の皇帝として、帝国統治の根本的な方式に従ったものであった。ローマ帝国は、各地を征服したが、

図6-2　マルクス・アウレリウスの犠牲式の浮彫

帝国領に入れた地域の支配は、都市的な編成をした上で、その地の親ローマ的な在地有力者に委ねた。都市の有力者を支配の「共犯」にし、自治を主導させ、ローマ帝国への忠誠や税の徴収、兵員・物資の調達を担わせたのである。これによって、直接イタリアの政府から統治の要員を送り込むことは少なくて済み、帝国は小さな政府で巨大な領土を支配することができた。帝国政府の最高

責任者たる皇帝にとって、都市の有力者を安定的に維持することは帝国の支配にとって大きな課題だった。しかし、都市によっては、他の都市との競争のため街の美化や見世物の華やかさを求めて巨額の支出をして、都市財政も有力者の経済状況も危機に陥るところが出てきて、マルクスはギリシア人の都市へ監督官を派遣しなければならなくなっていた。そうした都市事情を背景に、マルクスの「剣闘士競技会開催費用の減免についての元老院決議」の皇帝提案は出てきたのである。

しかし、こうした点を考慮に入れても、それまでなされなかったキリスト教徒探索を属州ガリアの総督が行ったことについて、マルクスが監督しなかった点を非難する人はいるだろう。マルクスのキリスト教に対する無理解も非難の対象となるかもしれない。最高責任者は、自身が十分知り得ていない領域で生じた問題でも責任を負わねばならない。その上で、今一度確認しておきたいのは、マルクスの治世が、疫病の大流行と長く続いた戦争の時代であったということである。とくに疫病の大流行は帝国住民を極度の不安に陥れ、家族や共同体の無事・安全を願う民衆の思いはそれ以前よりも強いものであったと考えられる。その思いに添った供犠などの宗教行為をあくまでも拒否しようとするキリスト教徒に対して、民衆が強い憎悪の念を抱いたのは間違いない。マルクスは帝国住民の安寧と福祉のために努力したが、彼の行動をどのように評価するかは、観点の違いによって異なることとなろう。

2 ローマ皇帝として生きること

アントニヌス帝の教え

歴史学者の中には、マルクスを迫害皇帝だと決めつけなくても、彼のストア派の思想や高潔で真面目な性格が、措置の厳格な実施に繋がり、迫害も厳しいものとなったと考える者が少なからずいる。マルクスは、自分の「仕事」である帝国統治にどのような思いで携わっていたのだろうか。

マルクスは『自省録』の中で、家族、恩師等に謝辞を捧げた第一巻を除いて、政治に言及していない。第一巻でも、自身の統治について論じた記述はない。つまり、『自省録』はローマ帝国統治の最高責任者の書いたものでありながら、政治や自身の統治活動についてはほとんど語っていないのである。そもそも『自省録』には、マルクスが自分の経験に具体的に触れて書いている記述はきわめて少ない。ただ、例外といってよいのが第一巻である。

『自省録』第一巻でマルクスは、恩義を感じた家族や教師などに対し、具体的に名を挙げて謝辞を書き連ねている。この第一巻を素材にして、マルクスが皇帝という職務にどう向き合おうとしたのかを考えてみよう。

謝辞には、「母からは、神を畏《おそ》れること、および惜しみなく与えること。悪事をせぬのみか、これを心に思うさえ控えること〈を教えられた〉。」(第一巻三)のように、個人的で道徳的な内容のものが多い。あるいは、教師から伝えられた哲学的な内容にも触れられている。しかし、重い職責を負う者としての彼が深く恩義を感じて謝辞を述べている箇所もある。それは、養父で先帝のアントニヌス帝への謝辞である。

第一巻一六のアントニヌス帝への謝辞は、他の人物への謝辞に比べて著しく長い。同帝への謝辞は、次の第一巻一七にも再び現れる。さらに、マルクスは『自省録』第六巻で「あらゆることにおいてアントニヌスの弟子として振舞え」(三〇)と書いており、アントニヌス帝の生き方を模範としていたことを明らかにしている。

まず『自省録』第一巻一六において、マルクスはアントニヌスから教えられたこととして、「温和であることと、熟慮の結果いったん決断したことはゆるぎなく守り通すこと。いわゆる名誉に関して空しい虚栄心をいだかぬこと。労働を愛する心と根気強さ。公益のために忠言を呈する人びとに耳をかすこと」などを挙げる。そのあとにも「帝国の要務について日夜心を砕き、その資源を管理し、そのために起る非難を甘んじて受けたこと」を挙げている。さらに「祝典の管理、建物の造築、下賜品の分配、その他同様の事柄における思慮と節度」を挙げて、「この場合彼は自己のなすべきことにのみ目をそそぎ、それによってえらるべき名誉には目もくれなかった」としている。

「あらゆることにおいてアントニヌスの弟子として振舞え」としている第六巻三〇にあっては、「理性にかなう行動にたいする彼のはりつめた努力、あらゆる場におけるむらのない心情、敬虔、彼の顔の穏やかなこと、優しさ、むなしき名誉にたいする軽蔑、ものごとを正しく把握しようとする熱意——これらのものを思え」とし、アントニヌス帝の行動に倣うように自らに諭している。

これらの記述から紡ぎとれることは、帝国統治に責任を持つ者としてのマルクスが、自らの職務上の課題に精一杯、そして誠実に励むことを目指していた点であろう。皇帝の職務に誠実にあたろうとしていた彼の姿勢は、アントニヌスへの謝辞が再び書かれた第一巻の一七に、より強く表れる。

「統治者、また父として、私の父のような人物の指導の下にあったこと〈を感謝する〉。彼は私の思いあがりをことごとく取りのぞき、宮廷に住んでいても、護衛兵やきらびやかな衣裳や松《たい》明《まつ》持ちや彫像やその他同様の仰々しいことを、全部無しですますのもできない相談ではないということをわからせてくれた。それのみか一平民の生活状態にきわめて近い暮しに身をつめながら、しかもそのために卑下したり、統率者として国家のために果さねばならぬ任務をおろそかにせずにいられることを教えてくれたのである。」

このように、マルクスはアントニヌス帝から、統治者としての職務の課題に精一杯努力し、誠実に仕事に励むことを学んだばかりでなく、皇帝の一般的イメージにあるような華美な出で立ちや暮らしを慎み、名誉を求めたりしないことも学んだのであった。ローマ皇帝たる者が名誉を求めないというのは注目に値する。それは、単に皇帝であるからというのではなく、当時のローマ人、とくに上層市民層には名誉を求め、それを通じて永遠の命を得たいという願望があったことが知られているからである。

元老院議員小プリニウスの名誉欲

一世紀の後半から二世紀の初めに生き、トラヤヌス帝の治世に執政官となり、小アジア北部の属州で総督を務めた元老院議員小プリニウスは、三六八通の手紙を残した。彼の手紙は、帝政時代のローマ社会に生きた上層市民の生活やものの考え方を知るための格好の史料となっている。二〇世紀後半の日本のローマ史学界で指導的な役割を果たした弓削達《ゆげとおる》は、この小プリニウスの『書簡集』を分析して、当時の上層市民のたいへん重要なものの考え方を明らかにした。弓削は、以下のように論じている。

小プリニウスはその手紙の中で、人間の命の短いこと、死すべき性《さが》であることを嘆くが、ただ嘆くだけでなく、生きたことの証を残そう、死が破壊しうるものをできるだけ少なくするように努めようと人に手紙で語っている。死んだ後でも残る、不滅のもの、不死のものを残す努力をする必要性を述べるのである。不死、永遠を手に入れるため、死に追いつかれないようにひたすら努力する生活をすべきというのだが、そのような努力が実ると、栄光、名誉が手に入り、それを得た者は不死を保証された人となる、と小プリニウスは考える。

この栄光、名誉はどのようにして手に入るかというと、記録に値する行為(戦勝など)や読むに値するものを書くことによるのであるが、皇帝政治の時代に前者は現実には実現しにくいため、後者、具体的には「学芸」で名をなすことが重要だ、と小プリニウスは説く。そして、作品を書くだけでなく、作品をきちんと発表するように人に強く勧めている。とくに、「歴史」を書くことは、その記述によって、著者と著作の永遠性だけでなく、記述された他の人の偉大な行為や記憶に値する出来事の永遠性も得られるので、非常に重要だと指摘する。小プリニウスは、こうした永遠を求めることは人間に最もふさわしい価値のあるもので、そのために名声や栄光を求める行為は称賛にすら値する、人が名誉や称賛を求めることは非難されるべきことではない、と考えるのである。

このように弓削は『書簡集』を分析・考察して、小プリニウスにとっては永遠に名を残すこと、栄光を与えられることが生きがい、生きる目的であり、彼をして自信を持って生かしめた倫理的エネルギーであると解釈する。弓削は、この小プリニウスの考え方を、平均的とか典型的とかいう意味ではないが、ローマの歴史を考える上で見落とすことのできない役割を果たしたと思われる、としている。小プリニウスの考えは、弓削自身が紹介するように、共和政末期の歴史家サルスティウスが「名誉欲こそローマ国家の発展と繁栄をもたらした根元」と述べていることに対応している。名誉を欲する強い感情がローマ国家と社会にあって、それがローマをして帝国形成という行動に至らしめたというのである。

小プリニウスは、北イタリア出身の新興の元老院議員ではあるが、ローマ帝国社会の最上層に属する人物であり、数的にみればローマ帝国住民の典型とはもちろんいえないものの、帝国運営の担い手となった元老院議員のものの考え方、感じ方として、弓削の分析の結果は重要だと思われる。

マルクスと名誉

こうした小プリニウスの名誉欲に比して、マルクスはアントニヌス帝が「名誉には目もくれなかった」点を評価し、「むなしき名誉にたいする軽蔑」を学んだと記している。名誉を否定しているのである。『自省録』中には名誉に関する言及がいくつもあるが、どれも否定的な見方で、小プリニウス的な生き方を批判しているようにすら見える記述である。

「昔使われていた表現は今ではもうすたれてしまった。同様に昔大いにうたわれた名前もある意味で今はすたれた。たとえばカミッルス、カエソ、ウォレスス、デンタトゥスや後のスキピオ、カト、それからまたアウグストゥス、ハドリアヌスとアントニヌス。すべてすみやかに色あせて伝説化し、たちまちまったき忘却に埋没されてしまう。しかも私はこのことを、この世で驚くばかりに光輝を放った人びとについていっているのだ。なぜならばそのほかの人びとは息をひき取るや否や『姿も見えず、知る者もなし』なのだから。それに永遠の記憶などということは、いったいなにか。まったく空しいことだ。」（第四巻三三）

「高処から眺めよ。無数の集会や無数の儀式を、嵐や凪《なぎ》の種々な航海を、生まれ、共に生き、消え去って行く人びとの有為転変《ういてんぺん》を。また昔他の人びとによって生きられた人生、君の後に生きられるであろう人生、現在野蛮民族のところで生きられている人生を思い見よ。どれだけの人間が君の名前を知らないことか。どれだけの人間がそれをさっさと忘れてしまうことか。どれだけの人間が現在たぶん君を讃めていながら、たちまち君を悪くいうようになるであろうことか。記憶も、名声も、その他すべていかに数うるに足らぬものであることか。」（第九巻三〇）

マルクスの名誉を求めない思いは、死を自然なものと受けとめる考えと呼応している。その根本には、死を自然なもの、肉体の分解と受け取り、来世を否定するストア派の思想があるかもしれない。しかし、それとは別次元で、若き日からそばで見てきたアントニヌスの生き方、働き方に学んだところから醸成されたとも考えられる。

前章で見たように、共和政末期から帝政の前期にかけて、数多くの墓碑が作られた。墓碑だけでなく、個人(故人)を記念し銘を刻んだ記念物もたくさん作られた。こうした状況は、歴史学界では「碑文慣習」や「碑文文化」の言葉で呼ばれている。この現象が生じた理由については学界で様々に説明されてきたが、小プリニウスのように、死を恐れ、名誉を得て記憶や「永遠」を手に入れたいという感情を持ち、自分の生きた証を残したいと思う人々がこの当時多く存在したことを反映していると解せるだろう。そうした人々の感情を表現する媒体として、碑や記念物があったのである。

マルクスは、疫病の大流行で死んだ高位の者たちの像を建てさせている。また、死後であるが、マルコマンニ戦争の状況を記録する記念柱が建てられた。今は残っていないが凱旋門を建てさせもした。けれども、マルクス個人は、小プリニウスのように、名誉を得て記憶や永遠を手に入れたいという感情を持ちはしなかったのである。では、マルクスは自分の「生」について、何を大事と考えていたのだろうか。

「現在」を大切に生きる

マルクスは死を自然のものとして受け入れることを説いているが、彼にとって「死」の反対にある「生」とは、「現在」であった。『自省録』第三巻で、彼は次のように書く。

「それと同時に記憶せよ、各人はただ現在、この一瞬間にすぎない現在のみを生きるのだということを。その他はすでに生きられてしまったか、もしくはまだ未知のものに属する。ゆえに各人の一生は小さく、彼の生きる地上の片隅も小さい。またもっとも長く続く死後の名声といえども小さく、それもすみやかに死に行く小人どもが次々とこれを受けついで行くことによるにすぎない。その小人どもは自己を知らず、まして大昔に死んでしまった人間のことなど知る由もないのである。」(一〇)

別の箇所では、「現在」の大切さをより強く語っている。

「たとえ君が三千年生きるとしても、いや三万年生きるとしても、記憶すべきはなんぴとも現在生きている生涯以外の何ものをも失うことはないということ、またなんぴとも今失おうとしている生涯以外の何ものをも生きることはない、ということである。……(中略)……なんぴとも過去や未来を失うことはできない。……(中略)……次の二つのことをおぼえていなくてはいけない。……(中略)……第二に、もっとも長命の者も、もっとも早死する者も、失うものは同じであるということ。なぜならば人が失いうるものは現在だけなのである。というのは彼が持っているのはこれのみであり、なんぴとも自分の持っていないものを失うことはできないからである。」(第二巻一四)

そして、「要するに人生は短い。正しい条理と正義をもって現在を利用しなくてはならない。

くつろぎの時にもまじめであれ。」(第四巻二六)と、「現在」を大事にせよと説くのである。
この「現在」を大事にせよというマルクスの考えは、ストア派の思想の特徴としてこれまで哲学者が幾度も指摘してきたことであった。しかし、哲学思想の一部としてではなく、彼の人生に即して改めて見てみると、「現在」を大切に生きることは先に見たアントニヌス帝の範に則って生きることと重なり、マルクス独自の「生き方」を生み出したように思われる。マルクスは次のように決意する。
「至る時にかたく決心せよ、ローマ人として男性として、自分が現在手に引受けていることを、几帳面な飾り気のない威厳をもって、愛情をもって、独立と正義をもって果そうと。また他のあらゆる思念《パンタシアー》から離れて自分に休息を与えようと。その休息を与えるには、一つ一つの行動を一生の最後のもののごとくおこない、あらゆるでたらめや、理性の命ずることにたいする熱情的な嫌悪などを捨て去り、またすべての偽善や、利己心や自己の分にたいする不満を捨て去ればよい。」(第二巻五)
こうした決意をし、また「今すぐにも人生を去って行くことのできる者のごとくあらゆることをおこない、話し、考えること。」(第二巻一一)を大事とするマルクスにとっては、名誉を得ることや死後の永遠は考えるべきことではなかった。死後の扱いに配慮をしないこの思いや態度は、必ずしもマルクスが死を恐れていないことを示す訳ではない。だが、マルクスは一生懸命働くとすれば「現在」のためであり、死後のためではないと考えた。そして、養父の範に従い、現在自分に与えられた課題に懸命に働くことを信条としたのであった。

皇帝マルクスの生き方の本質

『自省録』第一巻でマルクスは、ペリパトス派哲学者のセウェルスに対する謝辞で、「万民を一つの法律の下に置き、権利の平等と言論の自由を基礎とし、臣民の自由をなによりもまず尊重する主権をそなえた政体の概念をえたこと」(一四)に感謝している。この箇所は、『自省録』中ではきわめて珍しい、政治的な概念への言及である。マルクスが「ストア派哲学者の反皇帝行動」に登場したトラセアやヘルウィディウスらについて知ることができたのも、同じセウェルスからであった。言論の自由、臣民の自由を尊重する政体とは、一世紀に反皇帝行動をとったストア派哲学者の元老院議員たちが求めたものである。それを奪う皇帝独裁体制に陥らないようにマルクスが注意していたことも、すでに本書第一章末尾で述べたところである。マルクスは元老院を尊重する姿勢を維持し、それによってローマの伝統的な政治理念「自由」を実現した。それもまた、彼独自のものではなく、ギリシアの思潮の影響でもなく、ただ先帝アントニヌスの統治の教えに従っただけのことであった。

マルクスの統治と哲学との関係を分析した幾人かの研究者は、哲学が彼の統治に体系的なあり方で影響を与えたことはなかったと結論している。しかし、より広く歴史学界を眺めると、海外、とくにドイツの学界では、ローマ五賢帝をプラトンの「哲人王」の理想が実現したものと解し、ストア派哲学を奉じたマルクスを「哲人皇帝」と強調することがしばしばあった。最近でも、マルクスを当時の第二次ソフィスト運動の影響下で捉え、その統治、皇帝と元老院の協調などにギリシアの哲学や思潮の影響の大きさを指摘する研究が発表されている。しかし、私見では、ローマ人はギリシアの思想や文化に多くを学んだものの、政治は彼ら自身の歴史と社会を踏まえて行った。後期ローマ帝国時代にキリスト教に取って代わられるまで、ローマ人のイデオロギーは「父祖の遺風」であり続けた。マルクスにとって、その統治において従うべきは先帝アントニヌスの範であった。そして、皇帝と元老院の協調を間違いなく実現したアントニヌス帝は、とくにギリシア哲学を奉じてはいなかった。

マルクスは、帝国住民の安寧のために働こうと努力した。しかし、その治世において、彼は疫病大流行、戦争、反乱に遭遇し、危機的状況の中でただ懸命に皇帝の職務に励むことしかできなかった。哲学の理念や政体の理想を目指してではなく、先帝アントニヌスの範に従って懸命に働くこと、それが彼の生き方であったといってよいのではないか。

「働け、みじめな者としてではなく、人に憐れまれたり感心されたりしたい者としてでもなく働け。ただ一事を志せ、社会的理性の命ずるがままにあるいは行動し、あるいは行動せぬこ

とを。」(第九巻一二)

若き日から帝国統治に皇帝位継承予定者として関わり、即位後は二〇年近くも最高責任者としての日々を送ったマルクスは、人々の「自由」を実現するため懸命に努力を尽くしたが、自分自身は思索の中でしか「自由」を得ることができずに終わったのである。

エピローグ――『自省録』のローマ帝国

マルクスの死後、一八歳で単独皇帝となった息子コンモドゥスは、二年後の一八二年、ルキウス帝の皇后であった一二歳年上の姉ルキッラを、陰謀の廉でカプリ島に流刑としたのち殺害した。一九二年には、父マルクスが定めた結婚で妻としたクリスピナを姉同様にカプリ島に追放し、殺害した。伝存する史料はコンモドゥスが暴政を行ったことを記述し、剣闘士の出で立ちで人々の前に現れたと伝えている。コンモドゥスは、一九二年末に、宮廷内で運動競技者の手により暗殺された。

コンモドゥスの死後に生じた帝位をめぐる内乱を制してローマ皇帝となったセプティミウス・セウェルスは、一九五年、マルクスの養子となったと宣言し、カラカラとあだ名された自身の長男に「マルクス・アウレリウス・アントニヌス」を名乗らせた。このため、カラカラがのちに皇帝としてローマ帝国領内の自由人すべてにローマ市民権を与えることを定めた勅令は、「アントニヌス勅令」と呼ばれることになる。このカラカラはコンモドゥスと同じような暴政を行って、二一七年に暗殺された。こうして、マルクスの息子もその名の継承者も政治支配層から憎まれ、最後は暗殺されてしまった。ただ、マルクス自身はその死後も、ローマ人の家庭で守護神として祀られた。

図1　ヘラクレスの格好をした皇帝コンモドゥスの彫像

セプティミウス・セウェルス帝の係累の皇統が断絶した二三五年あたりから、ローマ帝国は属州の外から攻撃を受けるようになった。北の諸部族が繰り返し属州に侵攻するようになり、東ではパルティアに代わったササン朝ペルシア帝国が攻撃してきた。そうした対外的危機は、帝国防衛をめぐって地域間の深刻な利害対立を呼び起こし、軍団が駐屯する地域ごとに皇帝が推戴され相互に争うようになって、国政は混乱状態に陥った。北アフリカなど静穏な属州もあったが、帝国の多くの地域では経済活動も打撃を受け、深刻な危機となった。三世紀後半には、帝国は「ガリア帝国」の出現と隊商都市パルミュラの勢力拡大によって、一時的に三分割状態にすらなった。この過程で、マルクスが神経を使った皇帝と元老院との関係は大きく変化し、帝国統治の担い手も元老院議員から騎士身分へと移って、帝国の再統一を果たした三世紀末のディオクレティアヌス帝の頃には皇帝の専制体制ができあがった。

四世紀に入ると、コンスタンティヌス大帝が元老院議員を再び帝国統治に登用し、キリスト教を公認して、後期ローマ帝国の体制を構築した。その皇帝政治は、共和政の伝統や形式に配慮したマルクスの時代の皇帝政治とは全く異なり、元老院議員が帝国統治の役職に就いてはいたが、皇帝は元老院議員階層から遊離した神的な存在になりつつあり、キリスト教をイデオロギー的な支柱にして、その傾向をますます強めていった。

こうした後期ローマ帝国の時期に現れた一皇帝が、マルクスの評価を大いに高めた。キリスト教徒として育てられたにもかかわらず即位後にキリスト教に対抗したため、「背教者」の名を与えられたユリアヌス帝である(在位三六一年〜三六三年)。ユリアヌスはローマ皇帝の中でただ一人、その作品が多数今日に伝えられている人物で、風刺作品や演説、書簡などが残されており、その中に、在位中のおそらく三六二年頃に書かれた『皇帝たち』という作品がある。そこでユリアヌスは、祝祭の宴会を舞台として、アレクサンドロス大王やカエサル、そしてアウグストゥス以来の諸皇帝を登場させ、自分たちの事績を語らせて最高の名君を投票で選ぶという品定めをする。その結果、最高の名君とされ

図２　哲学者風にひげを蓄えた皇帝ユリアヌスの彫像

たのがマルクスであった。コンスタンティヌス大帝の甥であったユリアヌスは、この作品で自身の伯父であるコンスタンティヌス大帝を最低の君主とし、キリスト教に対する彼の態度も不誠実なものと描いている。

ユリアヌスにとって、マルクスは模範であり英雄であった。しかし、それは彼の統治者としての事績よりも「哲学者」としての意味を重視してのことである。幼い頃からギリシア文学に親しみ、哲学を学んで文人として過ごしたユリアヌスにとって、哲学に打ち込んだマルクスは目標であり憧れであった。それゆえ、後継者コンモドゥスがふがいなく、『皇帝たち』では、マルクスがなぜコンモドゥスではなく優秀な義理の息子(娘ルキッラの再婚相手ポンペイアヌス)に帝位を継がせなかったのかと書いている。ユリアヌスはストア派ではなく、新プラトン主義の哲学を奉じたが、「哲人皇帝」であることが彼の目標であり、周囲の人々もその点を承知していた。対ササン朝ペルシア遠征の戦場で、三二歳の若さで戦死したユリアヌスは、その最期にあっても、遠征に同道した哲学者たちと霊魂や来世について語ったと伝わる。こうして哲人皇帝を目指したユリアヌスによって、マルクスは「哲人皇帝」で「最高の名君」として扱われるようになった。本書でしばしば引用したように、後期ローマ帝国時代に書かれたローマ皇帝の伝記集『ローマ皇帝群像』にマルクスの伝記が収められているが、その表題は「マルクス・アントニヌスの生涯」ではなく「哲学者マルクス・アントニヌスの生涯」となっている。

近代以降になると、『自省録』の原典テキストの刊行や近代諸語への翻訳が進み、『自省録』は多くの人々に読まれるようになった。そして、マルクスは『自省録』の著者として理解されるようになり、ローマ皇帝としての事績もそれに併せて理解されるようになった。ローマ時代のキリスト教徒の残した記述にマルクスを責める点が少なかったことも、マルクスを「聖君」と見なすことを可能にしたのである。

一八世紀後半のイギリスで書かれたエドワード・ギボンの『ローマ帝国衰亡史』は、こうしたマルクス評価の流れを集大成したといってよいかもしれない。ギボンは、マルクスの徳性を厳しい精進による結果とした。「十二歳の時から厳しいストア哲学に傾倒し、それは彼をして肉体を精神に、情念を理性に、それぞれ隷属せしめるとともに、徳行こそは唯一の善、不徳こそは唯一の悪、そのほか諸々《もろもろ》の外界事物にいたっては、すべて無関心事として考えることを教えた」(中野好夫訳)とギボンは書く。さらに、マルクスを、皇帝として高潔で公正善意、そして寛容と称賛する。しかし、マルクスの温厚さは、厳しいストア哲学の訓練をもってしても矯正できない性格的な弱さになっていて、疑うことを知らない人のよさによってしばしば裏切られていた、とも書き、それが不肖の息子に帝位を継がせた誤りに繋がるとしている。要するに、マルクスは有徳者の「哲人皇帝」として統治したが、不肖の実子に跡を継がせる失敗を犯した、という評価である。

一九世紀以降、近代歴史学の成立とともにローマ帝国史研究が急速に発展し、マルクスの皇帝としての統治行為が、史資料の精査を経て厳密に検討され、二一世紀の現在、実に多くの新しい知見が得られている。今日でも様々な論点でマルクスの行動を厳しく批判する研究者はいるが、彼の帝国統治の諸側面をどう解釈するかは別にして、「哲人皇帝」という性格づけと、それに基づいた統治行為に対する全般的に好意的な評価は動かないように思われる。しかし、後世、自分が「哲人皇帝」「最高の名君」とされ、自分の統治を哲人政治と見なされることを、当のマルクス本人は果たしてどう思っているだろう。

若くして哲学を学び始めたマルクスではあったが、学問で時を過ごすことは早くに断念せねばならなかった。五八年のその生涯において、マルクスは二三年間以上の長きにわたりアントニヌス帝のそば近くで帝に統治を学び、補佐をし、その後一九年間、帝国統治の最高責任者であった。彼の生涯のほとんどはローマ帝国の統治とともにあり、政治家として彼はその生を全うしたのである。『自省録』はその生涯の終盤に近い頃に書き留められた。しかし、『自省録』には生々しい政治の現実についての具体的な思いは綴られていない。第一巻にまとめられた謝辞を別にすれば、マルクス個人に関わることは『自省録』にはほとんどないのである。この「ローマ皇帝の手による」ものであることが見えない記述こそが、『自省録』をして後の時代にも多くの人々に読まれることになった理由であろう。

「パンデミックと戦争のローマ帝国」にあって、マルクスは努力しても報われず、終わらない疫病と戦争の中で、「種々の出来事や、自分のために運命の手が織りなしてくれるものをことごとく愛し歓迎する」(第三巻一六)と自分に言い聞かせねばならなかった。神によって定められた運命、摂理によって定められたことを受け入れるというのは、ストア派の哲学の考えである。しかし、彼は現実の苦難の前で自身の非力を受けとめ、辞めることのできない皇帝という「仕事」のゆえ、諦めずに運命を切り開く努力をせねばならなかった。そして、ストア哲学の思想を心に深くとどめながらも、アントニヌスの先例に学んで、実践的な対応を精一杯行った。その際、内省の中で理想と現実との埋めがたい差を認識し、自身を励ましたのである。この道義感をともなった自分自身への励ましと叱咤の言葉が、多くの人々に深い感銘を与えるほどの精神の崇高な美しさをともない、今日でも『自省録』は読み継がれているのである。

あとがき

本書は、ローマ皇帝マルクス・アウレリウスの生涯と彼の生きた時代を、有名な彼の著作『自省録』を歴史史料のごとく用いながら描いた書物である。それゆえ、副題を「『自省録』のローマ帝国」としている。本書はまた、『自省録』にあるストア哲学の形式やギリシア思想の表層の下、その深部にあるローマ人マルクスの心情を抽出しようとする試みでもあった。その結果、マルクスの統治を「哲人政治」という言葉で語ることに疑義を呈することとなった。さらに本書は、マルクスを含めたローマ皇帝が、学界では強大な法的権限の保持者またはローマ社会最高の権威者で全住民の保護者と定義され、一般には気ままに強権を発動する暴君もしくは善意あふれる賢帝と受けとめられてきたことに対して、「職務のために働く人」という皇帝像を提案している。ファーガス・ミラー教授(オックスフォード大学名誉教授)の研究に発する皇帝論を参考にしつつ構想したものであるが、現代から見れば当たり前のように見えるこの素朴な定義が、古くからの法制史的説明・パトロネジ論・贈与論に代わる新しいローマ皇帝論を見いだす糸口になればと期待している。

シルクロード(絹の道)の歴史に関心を持って大学に進学した私は、一般教養科目を勉強する間に西洋古代哲学に惹かれ、ストア哲学に注目し、神谷美恵子訳『自省録』を読んだ。そして、本書一八〜一九ページに引用した神谷の言葉も参考に、哲学史研究としてではなく歴史学研究として『自省録』を考えることに決め、大学三年次に西洋史学専攻に分属した。しかし、西洋史研究、ローマ史研究には独自の課題や研究動向があり、私がマルクスそのものを研究対象にしたのは学部卒業論文だけで、大学院進学後はローマ帝国政治史研究の中で触れるに留まった。不惑の歳を過ぎて、マルクス治世を含む政治史の研究書や啓蒙書を刊行したが、その後は、ローマ帝国を辺境から見直す作業としてのローマ時代ブリテン島の研究や、ローマ帝国衰亡史の研究などに努力した。

「今こそ『自省録』ですよ」と私にマルクスの生涯に関する新書を書くように言われたのは、岩波書店の永沼浩一さんだった。岩波新書『新・ローマ帝国衰亡史』(二〇一三年)を刊行してからまだ日が経っていない頃である。マルクスの生涯を描くことは若い頃から私の心の片隅にあった希望で、使命感をもって当たるべきとも感じたが、還暦前頃より大学の用務が急激に増え、所属部局の責任者の役職を退くまで執筆の時間を持つことはできなかった。二〇二一年三月に京都大学を定年退職した後、『岩波講座世界歴史3』の執筆・編集作業を終えてすぐに本書の作業を再開し、永沼さんにできあがった原稿をお見せして多くの助言をいただいた。そして、実際の本作りは吉田裕さんのお世話になった。吉田さんからも多くの指摘・助言をいただき、その丁寧な作業に大いに助けていただいた。永沼さんと吉田さんに心よりお礼を申し上げる。

本書執筆にあたり、ローマ帝国史研究の先達や後輩の成果から多くを学んだだけでなく、日本の西洋古代哲学史研究者の方々の業績からも多大の教えを受けた。とくにマルクスに関する歴史学研究として、アントニー・バーリー教授（デュッセルドルフ大学名誉教授）の伝記的研究が再度主要参考文献となった。私は、同教授の業績から、他の皇帝たちやローマ時代ブリテン島史、史料『ローマ皇帝群像』についても多くを学ばせてもらった。バーリー教授にはオックスフォードで一度お目にかかっただけだが、惜しくも二〇二〇年に逝去された。私の学部卒業論文は、同教授とゲーザ・アルフェルディ教授（ハイデルベルク大学名誉教授）との間のマルコマンニ戦争の戦争目的をめぐる論争を取り上げ、これを糸口に戦争の意義を考察したものであった。アルフェルディ教授は先述のミラー教授とともに、私のヨーロッパでの調査・研究活動に多大の支援をしてくださったが、両先生ともすでに他界された。本書を書きながら、三先生の学恩へ想いを深くしている。

マルクスの治世は「パンデミックと戦争」の時代であった。本書の執筆を再開した頃、世界は新型コロナウイルス感染症流行の第二年目半ばであったが、執筆も終わりが見えてきた頃にロシアによるウクライナへの軍事侵攻が始まり、「パンデミックと戦争」で連日報道が埋め尽くされるような事態となった。世界の安寧の回復を心から願うとともに、平和と生命の大切さを基礎において歴史を学ぶ重要性を改めて感じている。

二〇二二年一〇月

南川高志

世界史

岩波新書新赤版一〇〇〇点に際して

ひとつの時代が終わったと言われて久しい。だが、その先にいかなる時代を展望するのか、私たちはその輪郭すら描きえていない。二〇世紀から持ち越した課題の多くは、未だ解決の緒を見つけることのできないままであり、二一世紀が新たに招きよせた問題も少なくない。グローバル資本主義の浸透、憎悪の連鎖、暴力の応酬——世界は混沌として深い不安の只中にある。

現代社会においては変化が常態となり、速さと新しさに絶対的な価値が与えられた。消費社会の深化と情報技術の革命は、種々の境界を無くし、人々の生活やコミュニケーションの様式を根底から変容させてきた。ライフスタイルは多様化し、一面では個人の生き方をそれぞれが選びとる時代が始まっている。同時に、新たな格差が生まれ、様々な次元での亀裂や分断が深まっている。社会や歴史に対する意識が揺らぎ、普遍的な理念に対する根本的な懐疑や、現実を変えることへの無力感がひそかに根を張りつつある。そして生きることに誰もが困難を覚える時代が到来している。

しかし、日常生活のそれぞれの場で、自由と民主主義を獲得し実践することを通じて、私たち自身がそうした閉塞を乗り超え、希望の時代の幕開けを告げてゆくことは不可能ではあるまい。そのために、いま求められていること——それは、個と個の間で開かれた対話を積み重ねながら、人間らしく生きることの条件について一人ひとりが粘り強く思考することではないか。その営みの糧となるものが、教養に外ならないと私たちは考える。歴史とは何か、よく生きるとはいかなることか、世界そして人間はどこへ向かうべきなのか——こうした根源的な問いとの格闘が、文化と知の厚みを作り出し、個人と社会を支える基盤としての教養となった。まさにそのような教養への道案内こそ、岩波新書が創刊以来、追求してきたことである。

岩波新書は、日中戦争下の一九三八年一一月に赤版として創刊された。創刊の辞は、道義の精神に則らない日本の行動を憂慮し、批判的精神と良心的行動の欠如を戒めつつ、現代人の現代的教養を刊行の目的とする、と謳っている。以後、青版、黄版、新赤版と装いを改めながら、合計二五〇〇点余りを世に問うてきた。そして、いままた新赤版が一〇〇〇点を迎えたのを機に、人間の理性と良心への信頼を再確認し、それに裏打ちされた文化を培っていく決意を込めて、新しい装丁のもとに再出発したいと思う。一冊一冊から吹き出す新風が一人でも多くの読者の許に届くこと、そして希望ある時代への想像力を豊かにかき立てることを切に願う。

（二〇〇六年四月）

南川高志

1955年三重県生まれ．1979年京都大学文学部卒業．84年京都大学大学院文学研究科博士後期課程研究指導認定退学．博士(文学)．

西洋古代史専攻．

京都大学名誉教授，佛教大学特任教授．

著訳書に，

『ローマ皇帝とその時代――元首政期ローマ帝国政治史の研究』(創文社，1995年)，『ローマ五賢帝――「輝ける世紀」の虚像と実像』(講談社現代新書，1998年〔講談社学術文庫，2014年〕)，『海のかなたのローマ帝国――古代ローマとブリテン島』(岩波書店，2003年〔増補新版，2015年〕)，ピーター・サルウェイ『古代のイギリス』(翻訳，岩波書店，2005年)，『新・ローマ帝国衰亡史』(岩波新書，2013年)，『B.C. 220年――帝国と世界史の誕生』(編著，山川出版社，2018年)，『378年――失われた古代帝国の秩序』(編著，山川出版社，2018年)ほか．

マルクス・アウレリウス
『自省録』のローマ帝国　　岩波新書(新赤版)1954

2022年12月20日　第1刷発行

著　者　南川高志《みなみかわたかし》

発行者　坂本政謙

発行所　株式会社 岩波書店
〒101-8002 東京都千代田区一ツ橋2-5-5
案内 03-5210-4000　営業部 03-5210-4111
https://www.iwanami.co.jp/

新書編集部 03-5210-4054
https://www.iwanami.co.jp/sin/

印刷・精興社　カバー・半七印刷　製本・中永製本

ISBN 978-4-00-431954-2　Printed in Japan

本書関連年表

前48年	カエサル，ポンペイウスを破り，独裁政治を始める．
前44年	カエサル，ブルトゥスらに暗殺される．
前43年	第2回三頭政治始まる．
前31年	オクタウィアヌス，アントニウスとクレオパトラの連合軍に勝利し，唯一の実力者となる．
前27年	オクタウィアヌス，元老院からアウグストゥスの尊称を与えられ，元老院と帝国属州の分掌を開始．
14年	アウグストゥス死．養子ティベリウス即位．
37年	ティベリウス帝死．ガイウス(カリグラ)即位．
41年	ガイウス帝暗殺され，クラウディウス即位．
54年	クラウディウス帝死．ネロ即位．
68年	ネロ帝自殺．帝位をめぐる争いが始まる．
69年	内乱を制したウェスパシアヌスが即位．
79年	ウェスパシアヌス帝死．長男ティトゥス継承．ウェスウィウス山噴火．ポンペイなど埋没．
80年	コロッセウム完成．
81年	ティトゥス帝死．弟ドミティアヌス即位．
96年	ドミティアヌス帝暗殺される．ネルウァ即位．
97年	ネルウァ帝，トラヤヌスを養子にする．
98年	ネルウァ帝死．トラヤヌス，単独皇帝となる．
101年	トラヤヌス帝のダキア遠征(～102年／105～106年)．
115年	トラヤヌス帝のパルティア遠征(～117年)．
117年	トラヤヌス帝死．ハドリアヌス即位．四元老院議員処刑事件．
121年	マルクス・アウレリウス誕生(4月26日)．父方祖父はこの年2度目の執政官(コンスル)となる．
124年頃	マルクスの父死す．父方祖父に養育される．
126年	マルクスの父方祖父が3度目の執政官職に就任．
127年	マルクス，騎士に叙される．

本書関連年表

128年	マルクス，サリイ神官団に入る．
132年	この頃，マルクスは哲学に初めて惹かれる．
134年	ユダヤ戦争始まる(〜135年)．
136年	ハドリアヌス帝，ケイオニウス・コンモドゥスを養子とする(アエリウス・カエサル)． マルクス，14歳で大人のトガを着用し，15歳でアエリウス・カエサルの娘ケイオニア・ファビアと婚約． ハドリアヌス帝の義兄セルウィアヌスとその孫フスクス死．
138年	アエリウス・カエサル死．ハドリアヌス帝はアントニヌスを養子にする． マルクス，アエリウス・カエサルの息子ルキウス・ウェルスとともに，アントニヌスの養子とされる． ハドリアヌス帝死．アントニヌス即位． マルクス，ケイオニア・ファビアとの婚約を破棄し，アントニヌスの娘(小)ファウスティナと婚約．
139年	マルクス，財務官(クァエストル)就任．カエサル称号授与．「アウレリウス・カエサル」となる．
140年	マルクス，執政官となる．
143年	マルクスの師であるフロントとヘロデスが執政官となる．
145年	マルクス，(小)ファウスティナと結婚．2度目の執政官となる．
147年	マルクス，護民官職権と執政官相当命令権を与えられる．第1子が誕生．
148年	ローマ国家建国900年祭．
150年	マルクス夫妻に娘ルキッラ誕生．
161年	マルクス，3度目の執政官職．アントニヌス帝死．マルクス即位．義弟ルキウス・ウェルスを共治帝とする．娘ルキッラとルキウス帝を婚約させる．息子コンモドゥス誕生．
162年	パルティア戦争始まる．ルキウス帝遠征．
164年	ルキウス帝とルキッラの結婚式．
166年	ルキウス帝首都帰還．凱旋式を祝う．

167年	首都でも疫病が流行．ランゴバルディ族とオビイ族が帝国属州に侵攻．マルコマンニ戦争始まる．
168年	両皇帝，首都を発って北へ出陣．冬営は北イタリアのアクィレイア．
169年	ルキウス帝病死．マルクス，首都帰還．ルキッラをクラウディウス・ポンペイアヌスと再婚させる．再度北方へ出陣．
170年	北方部族の大侵入．
175年	イァジュゲス族と講和．シリアでアウィディウス・カッシウスの反乱発生．3ヶ月後，カッシウス殺害され，反乱終わる．マルクス，東方属州訪問．
176年	皇后(小)ファウスティナ死．マルクス，首都帰還．凱旋式を祝う．
177年	マルクス，コンモドゥスを共同統治帝とする．リヨンでキリスト教徒迫害起こる．
178年	コンモドゥス，結婚．
180年	マルクス，シルミウム近郊ボノニアで病死(3月17日)．コンモドゥス即位．講和条約を結んで首都に帰還．凱旋式を挙げる．

192年	年末　コンモドゥス帝，殺害される．
193年	1月，ペルティナクス即位．3月，ペルティナクス帝殺害される．帝位をめぐる争いが始まる． セプティミウス・セウェルス即位．
197年	セウェルス帝，単独皇帝となる．
211年	セウェルス帝死．カラカラ即位．
212年	カラカラ勅令(アントニヌス勅令)．
217年	カラカラ帝殺害される．
235年	アレクサンデル帝殺害され，セウェルス朝皇帝家断絶．軍人皇帝時代が始まる．
284年	ディオクレティアヌス即位．帝国領の統一達成．
305年	ディオクレティアヌス帝，退位．
306年	コンスタンティヌス1世(後の大帝)，副帝の一人となる．

本書関連年表

313年	ミラノ勅令．キリスト教が公認される．
324年	コンスタンティヌス1世，単独皇帝となる．
361年	「背教者」ユリアヌス帝の治世(～363年)．
392年	テオドシウス1世，キリスト教を国教化．
395年	テオドシウス1世死．
5世紀初頭	東西のローマ皇帝政府の関係が悪化し，帝国は完全に東西分裂．
476年	西ローマ皇帝位消滅．

参考文献

【『自省録』の原典と訳】

『自省録』のギリシア語原典テキストや訳については，荻野弘之『マルクス・アウレリウス『自省録』── 精神の城塞』岩波書店，2009年の末尾に詳しく紹介されているが，筆者の用いたものを選んで以下に掲げておく．

〈日本語訳〉

神谷美恵子訳，創元社，1949年，岩波書店，1956年，兼利琢也補訂版，2007年．

鈴木照雄訳，『世界の名著13』所収，中央公論社，1968年，講談社，2006年．

水地宗明訳，京都大学学術出版会，1998年．

原典テキストと近代語訳は多数出版されているが，テキスト付きの訳が便利である．英語訳(C. R. Haines 訳　Loeb Classical Library)，ドイツ語訳(R. Nickel 訳　Wissenschaftliche Buchgesellschaft)，フランス語訳(Budé 叢書　旧版：A. I. Trannoy 訳，新版：P. Hadot 訳　新版はまだ第1巻の訳のみだが，関係人物の説明などを含む長い解説あり)．

日本語の注釈書として，水地宗明『注解　マルクス・アウレリウス『自省録』』法律文化社，1990年の大著がある．

【ストア派とマルクス・アウレリウスの哲学】

筆者が多くの教えをうけた日本語の著作のみ，以下に掲げる．

内山勝利編『哲学の歴史　古代2 ── 帝国と賢者』中央公論新社，2007年．

荻野弘之『マルクス・アウレリウス『自省録』── 精神の城塞』岩波書店，2009年．

國方栄二『ギリシア・ローマ　ストア派の哲人たち』中央公論新社，2019年．

國方栄二『哲人たちの人生談義 ── ストア哲学を読む』岩波書店，2022年．

A. A. ロング(金山弥平訳)『ヘレニズム哲学 ── ストア派，エピクロス派，懐疑派』京都大学学術出版会，2003年．

参考文献

D. セドレー編著(内山勝利監訳)『古代ギリシア・ローマの哲学 —— ケンブリッジ・コンパニオン』京都大学学術出版会，2009 年.
ジャン＝バティスト．グリナ(川本愛訳)『ストア派』白水社，2020 年.
哲学者セネカの著作については，次を利用した.
『セネカ哲学全集』岩波書店，2005〜2006 年.
茂手木元蔵訳『道徳論集(全)』東海大学出版会，1989 年. 同訳『道徳書簡集(全) —— 倫理の手紙集』東海大学出版会，1992 年. 同訳『自然研究(全) —— 自然現象と道徳生活』東海大学出版会，1993 年.
エピクテトスの著作については，次を利用した.
國方栄二訳『人生談義』岩波書店，2020〜2021 年.

【歴史史資料】

カッシウス・ディオ・コッケイアヌス『ローマ史』

原典テキストと E. Cary の英語訳，Loeb Classical Library のとくに第 8 巻と第 9 巻. ディオの評価に関しては，F. Millar, *A Study of Cassius Dio*, Oxford, 1964 および C. Davenport & Ch. Mallan (eds.), *Emperors and Political Culture in Cassius Dio's Roman History*, Cambridge, 2021.

『ローマ皇帝群像』(*Scriptores Historiae Augustae*)

南川高志訳『ローマ皇帝群像 1』京都大学学術出版会，2004 年.
この伝記集の性格や原典テキスト，近代語訳，研究文献については，南川高志・桑山由文・井上文則「解題」『ローマ皇帝群像 4』京都大学学術出版会，2014 年を参照されたい. 本史料に関し，マルクス・アウレリウスに直接関わる近年の研究文献として，G. W. Adams, *Marcus Aurelius in the Historia Augusta and Beyond*, Lanham, 2013 がある.

アウレリウス・ウィクトル

アウレリウス・ウィクトル研究会訳「『皇帝列伝』翻訳(2)」『上智史學』61，2016 年.

フロントの書簡集

原典テキストは，M. P. J. van den Hout 編(Leiden, 1954). 原典テキストと英訳は C. R. Haines 編訳(Loeb Classical Library). 研究として，島田誠「マルクス・コルネリウス・フロント —— 二世紀のある元老院

議員の横顔」『学習院史学』37，1999 年．E. Champlin, *Fronto and Antonine Rome*, Cambridge/Mass., 1980.

マルクス・アウレリウス記念柱の研究

W. Zwikker, *Studien zur Markussäule* I, Amsterdam, 1941.
M. Beckmann, *The Column of Marcus Aurelius. The Genesis & Meaning of a Roman Imperial Monument*, Chapel Hill, 2011.
中村茂夫「ローマ美術の様式構造(承前)」『人文論叢』(京都女子大学) 20，1971 年．

この中村氏の論文は，トラヤヌス帝記念柱とマルクス記念柱についての美術史的研究だが，マルコマンニ戦争の経過も説明している．筆者(南川)が学部卒業論文を準備していた頃(1978 年度)，マルコマンニ戦争に関する唯一の日本語参考文献であった．

【本文中で引用・利用した史料の出典】


アルテミドロス(城江良和訳)『夢判断の書』国文社，1994 年．

エウセビオス(秦剛平訳)『教会史 2』山本書店，1987 年，講談社，2010 年．

『殉教者行伝(キリスト教教父著作集 22)』(土岐正策・土岐健治訳)教文館，1990 年．

スエトニウス(国原吉之助訳)『ローマ皇帝伝』岩波書店，1986 年．

タキトゥス(国原吉之助訳)『年代記』岩波書店，1981 年．

同　(國原吉之助訳)『ゲルマニア　アグリコラ』筑摩書房，1996 年．

テルトゥリアヌス(鈴木一郎訳)『護教論(キリスト教教父著作集 14／テルトゥリアヌス 2)』教文館，1987 年．

ピロストラトス／エウナピオス(戸塚七郎・金子佳司訳)『哲学者・ソフィスト列伝』京都大学学術出版会，2001 年．

プリニウス(國原吉之助訳)『プリニウス書簡集』講談社，1999 年．

ルキアーノス(山田潤二訳)「歴史は如何に記述すべきか」ルキアーノス(呉茂一・山田潤二訳)『神々の対話　他六篇』所収，岩波書店，1953 年．

ルキアノス(内田次信・戸高和弘・渡辺浩司訳)『偽預言者アレクサンドロス』京都大学学術出版会，2013 年．

Julianus, *Caesares*, 312 B.（Loeb Classical Library *Julian* Vol. II. pp. 358–359.）

Themistius, *Orationes*, 6, 81C.（*Themistii Orationes* I, Teubner, p. 121）
英語訳 P. Heather & D. Moncur, *Politics, Philosophy, and Empire in the Fourth Century: Select Orations of Themistius*, Liverpool, 2002, p. 195.
「剣闘士競技会開催費用の減免についての元老院決議」を刻したスペイン・イタリカ出土碑文は，H. デッサウ編『ラテン碑文選集』5163 番，トルコ・サルディス出土碑文は同 9340 番に収録されている．

【本書全体に関わる参考文献】

A. R. Birley, *Marcus Aurelius: A Biography*, London, 1966, rev. ed. 1987.
マルクスの生涯を扱う歴史研究の最も基本的な文献．同じ著者のハドリアヌス帝の伝記的研究書も，本書執筆の参考にした．

A. R. Birley, *Hadrian: The Restless Emperor*, London & New York, 1997.
近年のマルクスに関する広範囲な研究状況と説明は，次の本から知ることができる．

M. van Ackeren (ed.), *A Companion to Marcus Aurelius*, Chichester, 2012. この書物でも，マルクスの生涯にわたる説明はバーリー教授が担当している．『ケンブリッジ古代史』第 2 版の 2 世紀諸皇帝の章も同様．
刊行から時間を経たが，マルクスに関わる重要な研究論文をドイツ語に訳して集めた論文集がある．

R. Klein (Hrsg.), *Marc Aurel*, Darmstadt, 1979.
より新しい政治史中心の研究成果は，以下の論集である．

V. Grieb (Hrsg.), *Marc Aurel: Wege zu seiner Herrschaft*, Gutenberg, 2017.
1970 年代までの研究動向を扱った次の論文は，筆者の卒業論文執筆時に参考にしたが，部分的には今日でも価値ある示唆を与える．

G. R. Stanton, Marcus Aurelius, Lucius Verus, and Commodus: 1962–1972, in: H. Temporini (Hrsg.), *Aufstieg und Niedergang der römischen Welt*, II–2, 1975.
近年の『自省録』の多様な扱いや哲学研究の動向は，次の論文が教えてくれる．

荻野弘之「マルクス・アウレリウス『自省録』の謎を解く」『思想』1180，2022 年．

マルクス・アウレリウスにページを割いて論じた日本語の作品とし

て，古典である E. ギボン（中野好夫訳）『ローマ帝国衰亡史 I』筑摩書房，1976 年．最近のものとして，M. クリコフスキ（阪本浩訳）『後期ローマ帝国史 I』白水社，2022 年．他に，塩野七生『終わりの始まり』（ローマ人の物語 11）新潮社，2002 年．

欧文でマルクスとその生涯を論じた書物は非常に多くあるが，『自省録』の記念碑的な注釈作業を行った学者の書いた作品として，A. S. L. Farquharson, *Marcus Aurelius: His Life and His World*, Oxford, 1951, 新しいフランス語訳を目指す哲学者の作品 P. Hadot, *The Inner Citadel: The Meditations of Marcus Aurelius*, Cambridge/Mass. & London, 1998（フランス語原著 1992 年），著名な作家が書いた読み物として，F. McLynn, *Marcus Aurelius: Warrior, Philosopher, Emperor*, London, 2009 をあげておく．

『自省録』の言葉を人生訓として紹介した作品は数多い．日本語のものとして，マーク・フォステイター（池田雅之，高井清子訳）『自分の人生に出会うための言葉 ── ローマ皇帝マルクス・アウレリウスの人生訓』草思社，2002 年．岸見一郎『NHK 100 分 de 名著　マルクス・アウレリウス『自省録』』NHK 出版，2019 年．同『マルクス・アウレリウス『自省録』を読む』祥伝社，2022 年．

マルクス・アウレリウスを主人公にした小説が，日本人作家によって書かれている．

浅野忠夫『偽れる帝座』私家版，1977 年．

筆者に本書をご恵贈くださった浅野氏と，浅野氏に当時大学院生であった筆者を紹介してくださった弓削達先生（当時，東京大学教授）に改めて感謝いたします．

マルクス・アウレリウス治世を含む 1〜3 世紀のローマ帝国の政治史と社会史は，筆者自身の以下の書物・論文にまとめた研究成果に拠りながら叙述した．

南川高志『ローマ皇帝とその時代 ── 元首政期ローマ帝国政治史の研究』創文社，1995 年．

同　『ローマ五賢帝 ── 「輝ける世紀」の虚像と実像』講談社，1998 年．

同　「ローマ皇帝政治の進展と貴族社会」『岩波講座世界歴史 4 ── 地中海世界と古典文明』所収，岩波書店，1998 年．

同 「帝国の民となる，帝国に生きる」南川高志編『B. C. 220 年 ── 帝国と世界史の誕生』山川出版社，2018 年.
同 「ローマ帝国と西アジア」『岩波講座世界歴史 3 ── ローマ帝国と西アジア ── 前三〜七世紀』所収，岩波書店，2021 年.

本書の第 4 章から第 6 章までについては，マルクス・アウレリウスの死に対する思いを「感情史」の観点も取り入れながら論じた次の拙稿での議論をベースにし，大幅に加筆・修正して書き上げている.

南川高志「ローマ皇帝の死に対する感情と生き方」南川高志・井上文則編『生き方と感情の歴史学 ── 古代ギリシア・ローマ世界の深層を求めて』所収，山川出版社，2021 年.

次に，各章で参考にした(上記以外の)研究文献や叙述のベースとなった筆者の旧著の箇所を掲げておく.

プロローグ

神谷美恵子の『自省録』との出会いについて，神谷美恵子「1 冊の本」『遍歴』(神谷美恵子著作集 9)，みすず書房，1980 年.

第 1 章

「哲学者の反対行為」の詳細は，拙著『ローマ皇帝とその時代』第 1 部第 1 章，第 2 章，第 2 部第 2 章を参照されたい.

第 2 章

ハドリアヌスの養子縁組・即位時の問題，ハドリアヌス晩年の養子縁組や事件については，拙著『ローマ皇帝とその時代』第 2 部第 3 章を参照されたい.

第 3 章

ローマ人の教育について

H. I. マルー(横尾壮英・飯尾都人・岩村清太訳)『古代教育文化史』岩波書店，1985 年.
長谷川博隆「ローマの子ども」三浦一郎・長谷川博隆『世界子どもの歴史 2 ── 古代ギリシア・ローマ』所収，第一法規，1984 年.
A. グウィン(小林雅夫訳)『古典ヒューマニズムの形成 ── キケロからクィンティリアヌスまでのローマ教育』創文社，1974 年.
南川高志「ローマ人の社会と教育」『ユスティティア』創刊号，1990 年.

ローマ帝国のブリテン島支配について

南川高志『海のかなたのローマ帝国 ―― 古代ローマとブリテン島』岩波書店，2003 年，増補新版，2015 年.

第 4 章

パルティアとの戦争について

R. M. シェルドン（三津間康幸訳）『ローマとパルティア ―― 二大帝国の激突三百年史』白水社，2013 年.

アエリウス・アリスティデスについて

増永理考「ローマ帝国に生きるギリシア人の苦悩とその超克」南川高志・井上文則編『生き方と感情の歴史学』(6 ページ記載) 所収.

ガレノスについて

S. P. マターン（澤井直訳）『ガレノス ―― 西洋医学を支配したローマ帝国の医師』白水社，2017 年.

疫病大流行について

J. F. Gilliam, The Plague under Marcus Aurelius, *American Journal of Philology* 82–3, 1961.

R. P. Duncan-Jones, The Impact of the Antonine Plague, *Journal of Roman Archaeology* 9, 1996.

マルコマンニ戦争について

市川雅俊「マルコマンニー戦争再考 ―― その性格をめぐって」『防衛大学校紀要（人文科学編）』53，1986 年.

同「ローマ帝国と軍隊」弓削達・伊藤貞夫編『ギリシアとローマ ―― 古典古代の比較史的考察』河出書房新社，1988 年.

P. Kovács, *Marcus Aurelius' Rain Miracle and the Marcomannic Wars*, Leiden & Boston, 2009.

マルコマンニ戦争におけるローマの戦争目的や戦争の意義については，拙著『ローマ皇帝とその時代』第 3 部第 1 章で論じたことがある.

第 5 章

Ph. アリエス（福井憲彦訳）『図説　死の文化史 ―― ひとは死をどのように生きたか』日本エディタースクール出版部，1990 年.

K. ホプキンス（高木正朗・永都軍三訳）『古代ローマ人と死』晃洋書房，1996 年.

R. クナップ（西村昌洋監訳，増永理考・山下孝輔訳）『古代ローマの庶民たち ―― 歴史からこぼれ落ちた人々の生活』白水社，2015

年.
長谷川博隆「ローマ人と死」同『ローマ人の世界 ── 社会と生活』所収，筑摩書房，1985 年.
坂口明「いわゆる「葬儀組合」について」『西洋古典学研究』50，2002 年.
長谷川岳男・樋脇博敏『古代ローマを知る事典』東京堂出版，2004 年.
佐野光宜「葬送活動からみたコレギア ── 帝政前半期ローマにおける社会的結合関係の一断面」『史林』89-4，2006 年.
島創平「ローマ人の死生観 ── 古代ローマの墓について」『死生学年報』(東洋英和)2，2006 年.
樋脇博敏『古代ローマの生活』KADOKAWA，2015 年.
井上文則「古代ローマの幽霊」南川高志・井上文則編『生き方と感情の歴史学』(6 ページ記載)所収.
南雲泰輔「ローマ街道沿いの墓地と感情」同上所収.

第 6 章

ローマ皇帝論については，F. Millar, *The Emperor in the Roman World (31 BC–AD 337)*, Ithaca, 1977.

マルクスの統治業務については，飯坂晃治『ローマ帝国の統治構造 ── 皇帝権力とイタリア都市』北海道大学出版会，2014 年.

リヨンでのキリスト教徒迫害，およびトラヤヌス帝のキリスト教徒対策の方針については，筆者の記述は弓削達氏，松本宣郎氏の研究に従っている.
松本宣郎「ルグドゥヌムの迫害再考」『西洋史研究』新 9，1980 年.
松本宣郎『キリスト教徒が生きたローマ帝国』日本キリスト教団出版局，2006 年.
弓削達『ローマ皇帝礼拝とキリスト教徒迫害』日本キリスト教団出版局，1984 年.
これに対し，保坂高殿『ローマ帝政初期のユダヤ・キリスト教迫害』教文館，2003 年は独自の見解を示す.

『自省録』第 1 巻について，本書が行ったような歴史分析とは異なる，文芸批評の観点から扱ったのが，R. B. Rutherford, *The Meditations of Marcus Aurelius: A Study*, Oxford, 1989 であり，その試みは荻野弘之氏の前掲書に紹介されている.

プリニウスの書簡集の分析は，弓削達「ローマ人の心」『東京大学教養学部人文科学科紀要』66，1978年.

マルクスの統治を第二次ソフィスト運動の下に位置づけ，元老院や元老院議員と皇帝との関係についてギリシアの理念の影響を強調しようとするのは，次の研究である．C. Horst, *Marc Aurel: Philosophie und politische Macht zur Zeit der Zweiten Sophistik*, Stuttgart, 2013. ホルストは，前掲の V. Grieb (Hrsg.), *Marc Aurel: Wege zu seiner Herrschaft* にも寄稿し，同じ主張をしている.

エピローグ

中西恭子『ユリアヌスの信仰世界——万華鏡のなかの哲人皇帝』慶應義塾大学出版会，2016年.
南川高志『ユリアヌス——逸脱のローマ皇帝』山川出版社，2015年.

図版典拠

プロローグ
図1　ローマ市 筆者撮影

第1章
扉表　123RF(ロイヤリティフリー素材)
図1-1　ローマ市 ローマ国立博物館蔵 筆者撮影

第2章
扉表　ローマ市 カピトリーニ美術館蔵 筆者撮影
図2-1　筆者作成
図2-2　123RF
図2-3　筆者作成
図2-4　ローマ市 カピトリーニ美術館蔵 筆者撮影
図2-5　ローマ市 筆者撮影

第3章
扉表　トリーア市 ライン州立博物館蔵 筆者撮影
図3-1　アテネ市 筆者撮影
図3-2　123RF
図3-3　ローマ市 筆者撮影
図3-4　筆者作成

第4章
扉表　M. R.-Alföldi, *Bild und Bildersprache der römischen Kaiser*, Mainz, 1999, S. 94.
図4-1　123RF
図4-2　筆者作成
図4-3　筆者作成．作成にあたり，次を参照した．A. R. Birley, *Marcus Aurelius: A Biography*, London, 1987, pp. 166f.
図4-4　Archäologischer Park Carnuntum ed., *Concise Guide to Carnuntum Archaeological Park*, Petronell-Carnuntum, 1997, p. 18.
図4-5　ローマ市 筆者撮影
図4-6　ローマ市 筆者撮影
図4-7　ローマ市 ローマ国立博物館蔵 筆者撮影

第5章
扉表　W. Selzer, *Römische Steindenkmäler: Mainz in römischer Zeit*, Mainz, 1988, S. 155.
図5-1　ローマ市 筆者撮影
図5-2　F. Naumann-Steckner, *Tod am Rhein*, Köln, 1997, S. 49.
図5-3　ランス市 サンレミ聖堂博物館蔵 筆者撮影

第6章
扉表　123RF
図6-1　リヨン市 筆者撮影
図6-2　M. R.-Alföldi, *op. cit.*, S. 119.

エピローグ
図1　123RF
図2　R. Browning, *The Emperor Julian*, London, 1975, Illus. 5.